24H

Okinawa guide

Perfect trip for beginners & repeaters.

Keep Calm & Relax.

めんそーれ、沖縄。

どこかに行きたくても行けない、会いたい人に会えない…。
長い長いコロナ禍が終わりました。
羽がもがれたような気持ちになったとき、深呼吸をしながら思い出したのは、沖縄で見ていた海の景色と、沖縄で出会った人たちのくったくのない笑顔でした。
日がな一日海を眺めたり、夜は満天の星の下、泡盛でゆんたくしたり…。その何気ない一瞬一瞬の匂いや景色、風の音、すべての宝物のような記憶が、沖縄に行けない数年間の私を支えてくれていたような気がします。
沖縄にいて一番大切だと思うのは、自然に逆らわず、あえて計画性を持たないこと。エリアや時間の特性はしっかりつかみながら、その時々の気分やお天気で気まぐれに動いてこそ、沖縄の魅力を存分に感じられると思うのです。
沖縄は、やさしさも、厳しさも、悲しみも、すべてありのままの姿であり、訪れる人々を迎えてくれる場所。
どんな人をも「大丈夫だよ」と受け入れてくれる、沖縄の深くて温かな懐に、読者の皆さんが包まれることを祈って。
またここから、沖縄と私たちの物語を紡ぎましょう。

横井直子

CONTENTS

24H Okinawa guide

★本誌に掲載したデータは 2023 年 6 月現在のものです。
★原則として通常営業時の情報を記載しています。営業時間などは新型コロナウイルスの影響により、流動的であり、変更になる可能性があります。詳細は各店舗の公式 HP、SNS などでご確認ください。
★本誌出版後、内容が変更される場合がありますので、ご利用の際は必ず事前にご確認ください。
★ショップで紹介している商品は売り切れ、または価格が変更になる場合があります。
また、料金・時間・定休日・メニューなどは変更になる場合がありますので、あらかじめご確認のうえ、お出かけください。
★本誌に掲載された内容による損害等は弊社では補償しかねますので、あらかじめご了承ください。

Morning (06:00-11:00)

Noon (11:00-14:00)

本誌をご利用になる前に

データの見方

☎＝電話番号　🏠＝所在地
🕒＝営業時間・開館時間　レストランでは開店～閉店時間、施設では閉館時間までを表示しています。L.O.はラストオーダーです。なお記載よりも早い場合がありますのでご注意ください。
🔒＝休み　原則として年末年始などを除いた定休日のみを表示しています。
¥＝料金　入場や施設利用に料金が必要な場合、大人料金を表示しています。
🚗＝交通　交通手段や拠点となる場所からの移動の所要時間を表示しています。
Ⓟ＝駐車場　店舗・施設専用の駐車場の有無を表示しています。
URL＝HP アドレス
MAP P.00A-0　その物件の地図上での位置を表示しています。

Okinawa My Best Hotels

Night (18:00-22:00)

Late Night (22:00-00:00)

沖縄かいものアドレス

Afternoon (14:00-18:00)

Hello!! OKINAWA

季節ごとのイベントも沖縄はひと足早かったり、気候が沖縄と内地とではまるで違います。
事前に知っておくとちょっぴり旅が楽しくなるポイントや、エリアごとの個性をおさらいしましょう。

[年間イベントスケジュール & POINT]

1月

1月中旬～2月上旬

**もとぶ
八重岳桜まつり**

寒い日は10℃程度まで下がるものの、沖縄ではこの時季が桜の見頃。八重岳桜の森公園ではカンヒザクラが咲き誇ります。

2月

**曇天率
高め**

徐々に春らしい日が多くなり、防寒具が不要になるほど。ただ、この時季は毎年どんよりした天気の日が多くなります。

3月

3月上旬～下旬

**東村
つつじ祭り**

ぽかぽか陽気の日が多く、沖縄県北部の東村村民の森つつじ園ではやんばるの大自然の中、5万本ものつつじが満開に。

4月

海開き！

一年を通して最も気候が安定する時季。上旬に県内のビーチでは海開きが行われますが、泳ぐには少し水温が低いかも？

5月

5月上旬

**那覇
ハーリー**

上旬には那覇港新港ふ頭で、豊漁や安全を願い爬竜（はりゅう）船が競漕する那覇ハーリーが。中旬頃になると梅雨に突入。

6月

**いよいよ
梅雨明け**

年によって差はありますが例年下旬頃には梅雨が明け、グングン気温が上がります。海水温も上がるので海水浴も楽しめそう。

7月

7月中旬

**海洋博公園
サマーフェスティバル**

青い海、青い空！という景色が楽しめるベストシーズン。約1万発の花火が上がる花火大会が海洋博公園で開催されます。

8月

**お祭り
多め**

猛暑到来。少しの油断が大惨事…というレベルの紫外線が降り注ぐので要注意。旧盆前後にはお祭りが多数開催されます。

9月

**台風
シーズン**

一年で最も台風接近が多くなります。8月より暑さがやわらぐものの、夏らしさは健在。台風の切れ間は蒸し暑い…。

10月

**海遊び
終了**

日差しが弱まり「残暑」といった気候に。朝夕は涼しく、過ごしやすくなります。遊泳期間も基本的には10月末まで。

11月

**ようやく秋
到来！**

秋らしい気候で天気は安定しますが、雨の日は冷え、晴れると汗ばむので、半袖に羽織れる薄手の長袖を持っておくとベター。

12月

12月中旬～1月上旬

**いとまんピースフル
イルミネーション**

沖縄にもようやく冬が到来。糸満市のうちなーファームでは約40万個のLED電球が幻想的な光の世界を作り出します。

[本島の距離感をおさらい]

那覇空港から

- 国際通り 5km 20分
  （近いけど渋滞にハマる可能性大。余裕を見て移動！）
- 万座毛 55km 70分
- 沖縄美ら海水族館 95km 120分
  （許田ICからは本部半島の海沿いの道をドライブ！）
- 辺戸岬 125km 145分
  （道の駅 ゆいゆい国頭から先、売店はほぼないので注意）
- 斎場御嶽《せーふぁうたき》 28km 45分

[よく使われるうちなーぐち（沖縄の方言）]

基本

- めんそーれ⇒いらっしゃいませ
- にふぇーでーびる⇒ありがとうございます
- なんくるないさ→なんとかなるさ
- ちばりよー⇒頑張れ
- うちなーんちゅ⇒沖縄の人
- でーじ⇒大変・とても

食べ物

- そーき⇒豚の骨付きあばら肉
- ちゃんぷるー⇒炒め物
- いまいゆ⇒新鮮な魚
- しまー⇒泡盛

OKINAWA MAP

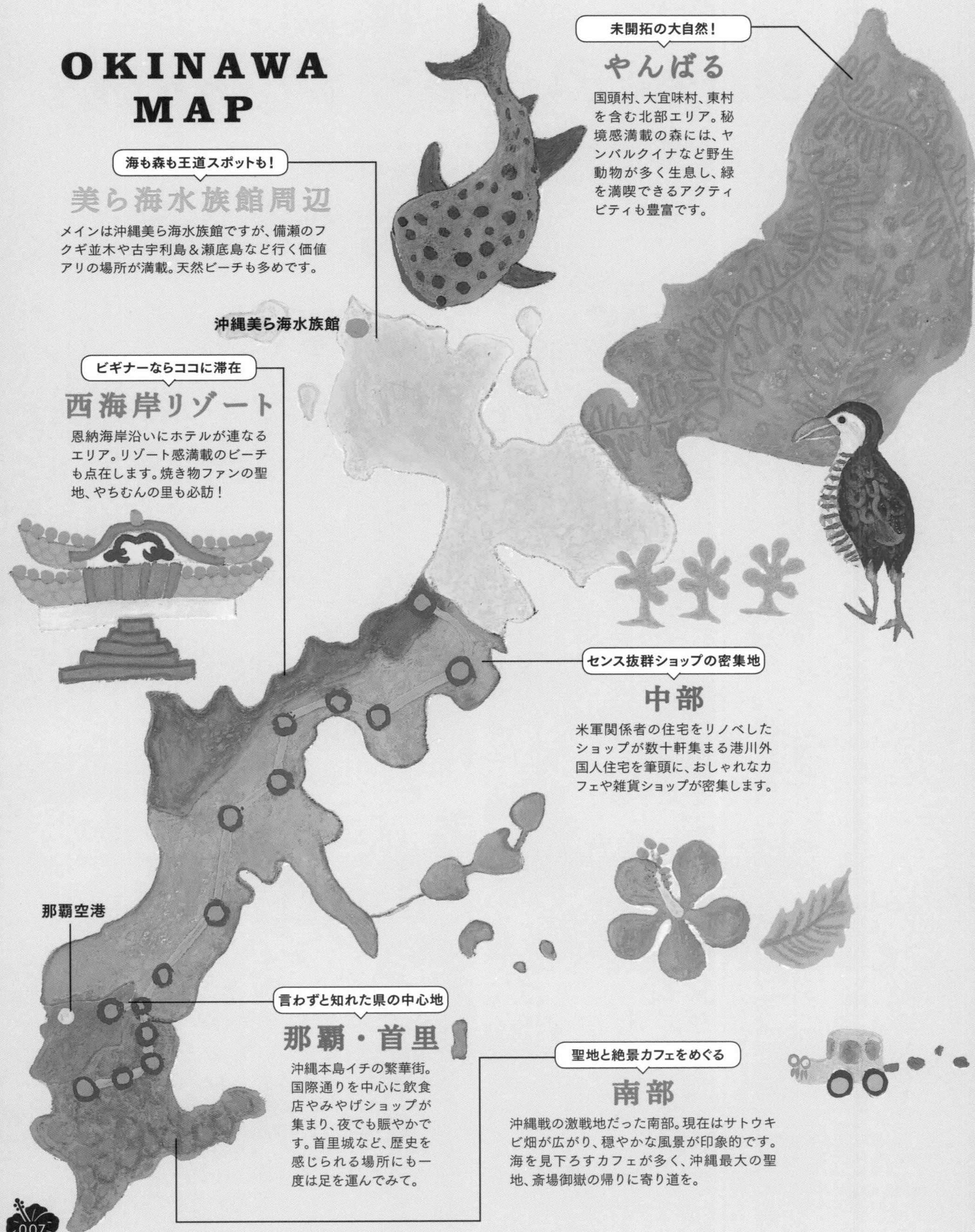
未開拓の大自然！
やんばる
国頭村、大宜味村、東村を含む北部エリア。秘境感満載の森には、ヤンバルクイナなど野生動物が多く生息し、緑を満喫できるアクティビティも豊富です。
海も森も王道スポットも！
美ら海水族館周辺
メインは沖縄美ら海水族館ですが、備瀬のフクギ並木や古宇利島＆瀬底島など行く価値アリの場所が満載。天然ビーチも多めです。
沖縄美ら海水族館
ビギナーならココに滞在
西海岸リゾート
恩納海岸沿いにホテルが連なるエリア。リゾート感満載のビーチも点在します。焼き物ファンの聖地、やちむんの里も必訪！
センス抜群ショップの密集地
中部
米軍関係者の住宅をリノベしたショップが数十軒集まる港川外国人住宅を筆頭に、おしゃれなカフェや雑貨ショップが密集します。
那覇空港
言わずと知れた県の中心地
那覇・首里
沖縄本島イチの繁華街。国際通りを中心に飲食店やみやげショップが集まり、夜でも賑やかです。首里城など、歴史を感じられる場所にも一度は足を運んでみて。
聖地と絶景カフェをめぐる
南部
沖縄戦の激戦地だった南部。現在はサトウキビ畑が広がり、穏やかな風景が印象的です。海を見下ろすカフェが多く、沖縄最大の聖地、斎場御嶽の帰りに寄り道を。

2泊3日でも大満足!な最強の過ごし方。

3 Days Perfect Planning

一般的な沖縄滞在日数の3日間も、コツをつかんで濃厚なものに。
広い沖縄、エリアごとに予定をまとめるのが最大のコツです。

店のビジュアル自体もかわいく、街歩きが楽しい港川外国人住宅へ(→P.84)。水曜休みのお店が多いので要注意です

- **12:00** 沖縄そば界に現れたスター2TOP →P.50
- **14:00** 港川外国人住宅2H一本勝負 →P.84
- **14:00** 南国フルーツドリンクで手軽にビタミンチャージ →P.90
- **15:00** 東南植物楽園で緑の海に溺れたい →P.102
- **17:00** サンセット、どう過ごす? →P.114
- **18:00** 沖縄料理=うりずんがテッパン →P.124
- **20:00** 国際通りは“夜攻め”が正解 →P.136

Planning:

Day1

“初日は遠出より近場で。「沖縄らしさ」を存分に感じられるコンテンツを詰め込んで”

丸一日遊べない初日は、遠出するのは得策ではありません。近場の那覇~中部を攻めましょう。まずは王道の沖縄そばでギアを上げて、港川外国人住宅で個性派ショップをハシゴ。夕方には北谷の海へサンセットを目がけてダッシュ! 街ナカにありながらトロピカルムード満点です。ディナーの琉球料理もお忘れなく。

日の入り時間が近づいたら北谷サンセットビーチ（→P.114）へ急いで！ドラマチックな空の色にうっとり

初日の1食目はテッパンの沖縄そばを。行列必死のSTAND EIBUN（→P.50）で「沖縄旅モード」をON！

ダイナミックな南国植物にパワーをもらえる東南植物楽園（→P.102）は、まるで海外のよう！

夜は栄町市場の名店、うりずん（→P.125）へ。泡盛の古酒と伝統的な沖縄料理で「あり！乾杯！」

MEMO @ Day 1

☑ **到着時間別、初日の行動指南**

朝到着の便でもレンタカーの手続きなどをしていたらあっという間にブランチタイム。夕方以降の到着なら、那覇市内に留まるのが吉。国際通りや第一牧志公設市場でグルメとショッピングを楽しんで。

☑ **天気次第で柔軟に計画変更！**

冬場や梅雨時期など、あいにくの天気もアグレッシブに楽しめるよう、雨バージョンのスケジュールを用意。おみやげショッピングならイオンモール沖縄ライカム、体験系なら琉球ガラス村など屋内型を攻めて。（→P.39）

Planning:

Day2

“2日目はどこまでも遠くへ。もはや言葉などいらない青い海と、深い森で心身ともにリセット”

中日となる2日目はいざ、北へ！ 沖縄美ら海水族館のある本部半島、やんばると、北上するほど大自然が残る沖縄本島。目にも鮮やかな自然の色濃さの中に身を置けば、日頃の疲れがどんどん流れ出て癒されていくのを感じます。さらにデトックスをしたい時は、絶景サウナへ。しっかり汗をかいたあと、ジャングルの中で外気浴をすれば、心身ともにクリアになるはずです。

亜熱帯サウナ（→P.105）でジャングル絶景を眺めながらサウナ体験。山を吹き渡る風が気持ちいいのです

MEMO @ Day 2

- ☑ **アクティビティにトライするなら2日目**
  天然ビーチでのんびり…もいいですが、もしスキューバダイビングやパラセイリングなど、アクティビティを楽しむなら、飛行機移動のない中日に。

- ☑ **大自然＝便利さは求めるべからず**
  やんばるや本部半島エリアも、コンビニが徐々に増えているとはいえ思い立った時になんでも手に入る那覇とは訳が違います。事前に食堂の場所や水などを買えるスポットをチェックして。

Planning:

Day3

“最終日は南部へ。聖地と絶景カフェをめぐって空港までの時間も無駄ゼロ”

滞在が本島北部エリアだったとしても、最終日は早めに南部エリアに移動しましょう。斎場御嶽を訪れたあとは、海カフェで沖縄の海を見納め。おみやげショッピングにも手を抜きたくありませんが、渋滞しがちな交通事情を考えて空港周辺の「沖縄満喫スポット」へ早めにチェックイン！

09:00	朝食べるべき ごちそうがここに	→P.28
09:00	斎場御嶽＋南部めぐりは 午前がベスト	→P.26
13:00	myBEST HAMBURGER MAP	→P.60
15:00	晴れた日は海カフェの 特等席へ	→P.100
16:00	帰る直前まで 全力投球する方法	→P.110
	センスよしな一軒で爆買い	→P.78

今帰仁のAwayk（→P.28）でおばんざいの朝食を。店の前に広がる穏やかな海を眺めると心落ち着きます

最終日ランチはがっつりハンバーガーにかぶりつく！ ハンバーガーMAP（→P.60）で最寄りの店を探してみて

MEMO @ Day 3

☑ **ならではフルーツ＆野菜GET**

6～9月のマンゴーや冬のシークヮーサー、野菜ならハンダマ（長命草）など、季節のフルーツは最終日に。ただし、紅芋などサツマイモ類は県外へ持ち出しNGなので気をつけて。

☑ **ベーカリーめぐりも最終日が本番**

レベルがどんどん上がっている沖縄のベーカリー事情を偵察するのも最終日のミッション。焼きたてパンで、自宅でも沖縄の余韻を楽しみましょう。

海に入ると撤収作業が大変なので、最終日はビーチフロントカフェから海に最後のごあいさつ（→P.100）

島の装い。STORE（→P.79）は空港に近いので、最後に立ち寄って買い物ラストスパート！

Okinawa the best time

IN THE

Morning

06:00 - 11:00

沖縄での早起きは、「三文の徳」どころではありません。お目当ての朝食をいただいたり、お昼は大混雑する観光スポットにひと足早く出かけて絶景を独り占めしたり、遠出して大自然を満喫したり、メリット大。素敵な一日の始まりにふさわしい朝時間を過ごしましょう。

早朝からのドライブも気持ちいいもの。58号線も本部半島を抜ければ視界が開けて、ひたすら海岸線を走ることができる

沖縄的SDGsを探る

サバニとハーリー体験で 伝統文化を知る

ハーリー体験
⏲4～10月 ①9:00～9:30、②16:00～16:30
🔒11／1～3／31
¥3800円
※開始時間30分前までに要予約

帆かけサバニセーリング
⏲GW、8月の週末・お盆期間、9月シルバーウィーク ①9:00～10:00、②10:30～11:30、③13:00～14:00
¥8860円
※開催日はHP参照、前日18時までに要予約

タイパよしのツアーで学びの多い時間を過ごす

滞在期間が短い旅行中は特に、時間を効率的に使いたいもの。ホテルのアクティビティに参加すれば、集合場所はホテル内なので動線的に無駄はナシ。

さらにホテルのアクティビティは、楽しみながら沖縄の自然環境や文化をより深く理解できるものが多いのも特徴です。

activity_01

サバニ&ハーリー体験

@ ハレクラニ沖縄

沖縄県内各地で豊漁と航海の安全を祈願する伝統的な人気競技で使う「ハーリー舟」と、風の力で静かに進む木造船「帆かけサバニ」。沖縄の伝統的な2つのセーリング体験で海風を感じ、サンゴの群生や熱帯魚の観察に出かけましょう。

ハレクラニ沖縄

ハレクラニおきなわ

西海岸リゾート MAP P.174 D-3 ☎098-953-8600 🏠恩納村名嘉真1967-1

★★★ 星のや沖縄のやんばるエコツアーは、オプションでバンガローでのアウトドアランチ付きプランに変更もできます。

6 7 8 9 10 11 12 13 14 15 16 17 18 19 20 21 22 23 0

Best time!

06:00-11:00

琉球文化と自然に敬意を。

ホテルアクティビティで、

activity_02

珊瑚の苗づくり

@ザ・リッツ・カールトン沖縄

海の豊かな生態系を作り出すサンゴのことや、サンゴが直面している危機を学びます。オプションでダイビングやシュノーケリングで直接苗付けをすることも可能です。

9:00～16:00の2時間 ¥9000円
苗つけオプション付き
①8:00～12:00 ②10:30～14:30
③12:30～16:30
¥スノーケリング 1万5000円、
ダイビング 2万1500円

ザ・リッツ・カールトン沖縄
→P.158

珊瑚の苗づくりで
海の問題を考える

activity_03

世界自然遺産やんばるエコツアー

@星のや沖縄

気持ちのいい早朝にやんばるの森を歩くプライベートプログラム。ヤンバルクイナの鳴き声やノグチゲラのドラミングをBGMに、ベテランガイドの案内で静かな森へお邪魔します。

7:00～10:30 ¥4万円(サ込)／1組2名
※1名追加+1万5000円
オプションランチ付きプラン
¥6万5000円(サ込)／1組2名 ※14日前までに要予約、施設からの送迎なし

星のや沖縄
→P.156

世界遺産
やんばるエコツアーで
森の恵みに触れる

Best time!

06:00-09:00

沖縄の朝は意外と遅い！

早朝ごはんの聖地、北谷《ちゃたん》で朝活

ノーモア朝食難民！北谷で早朝カフェごはん

沖縄滞在で意外な落とし穴。朝から営業しているお店が極端に少ない！ 短い旅を有意義に過ごすには、早朝営業店という切り札をもっておきたいものです。「早朝から波に乗りに行くサーファーのため」と朝6時からオーストラリアスタイルの朝食を提供しているGOOD DAY COFFEEや、ハワイさながらの本場ポケボウルやアサイーボウルを朝7時30分から提供するMORNING BOWLSなど、北谷は早朝モーニングのメッカ。気持ちよく一日を始められるセンス抜群のカフェで、朝を迎えましょう。

GOOD DAY COFFEE

グッド デイ コーヒー

オージースタイルで朝時間を充実させる

オーナーの宮里さんが、オーストラリアで感銘を受けたコーヒーカルチャーをサーファーの多い北谷で再現。豆の個性を存分に味わえる浅煎りコーヒーが、素敵な朝時間を演出してくれます。

中部 MAP P.172 D-1 ☎090-4470-1173 北谷町浜川178-1 6:00～15:00 無休 沖縄南ICから約5km Ⓟあり

1 土地柄海外のお客さんも多い **2** 外国人住宅をリノベした店舗。To GoもOK **3** 早朝のんびり過ごしてから仕事に向かううちなーもいる

Open 06:00-

沖縄で一番早い朝食アドレス

GOOD DAY COFFEE

GOOD DAY BREAKY800円、フレンチトースト700円、カフェラテ450円

★★★ GOOD DAY COFFEEのコーヒーはエスプレッソに熱湯を入れる「ロングブラック」。ほどよい酸味と個性豊かな味わいが楽しめます。

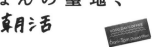

Open
07:30-
ここはハワイ? To Goで北谷ビーチへ
MORNING BOWLS

アサイーボウル(R)
1250円、ポケボウル
(R)1250 円〜

MORNING BOWLS
モーニング ボウルズ

ハワイ流朝ごはんを北谷で

宮城海岸近くにあるハワイアンムード満点のカフェ。好みのトッピングでカスタムできるアサイーボウルや沖縄県産マグロを使ったフレッシュなポケボウルが味わえます。

中部 MAP P.172 D-1 ☎098-988-5273 🏠北谷町宮城1-456 🕗7:30 〜 16:00(売り切れ次第閉店) 🔒無休 🚗沖縄南ICから約5㎞ Ⓟなし

1 テイクアウトして海を見ながらいただきましょう 2 3 お店の雰囲気もまるでハワイ!

3

1

2

北谷MORNING LIST

Open **09:00-**

VONGO & ANCHOR
ボンゴ アンド アンカー

海を見ながら本格珈琲

海沿いにあり、アンティークのインテリアが居心地いい。シングルオリジンのコーヒーをぜひ味わって。

中部 MAP P.172 E-2
☎098-988-5757 🏠北谷町美浜9-49 ベッセルホテルカンパーナ沖縄別館1F 🕗9:00〜22:00 🔒無休 🚗沖縄南ICから約5㎞ Ⓟあり

Open **08:00-**

THE CALIF KITCHEN OKINAWA
ザ カリフ キッチン オキナワ

広々テラスで絶景を独り占め

海沿いのビルの最上階で海ビューを満喫できます。アメリカ西海岸を思わせるインテリアも素敵。

中部 MAP P.172 E-2 ☎098-926-1010 🏠北谷町美浜9-21 デポアイランドシーサイドビル 3F 🕗8:00 〜 22:00 🔒不定休 🚗沖縄南ICから約5㎞ Ⓟあり

Best time!

08:00

人気スポットは、団体客が押し寄せる前にGO！

備瀬のフクギ並木→離島めぐりは朝イチが吉

いまや一大観光スポットとなったフクギ並木や古宇利島は、昼前には大混雑。朝イチ散歩を楽しみましょう。

IN THE Morning (06:00-11:00)

レンタサイクルは8時からオープン

並木の向こうには極上のビーチが！

並木道には数は少ないけど食事処も

備瀬崎で折り返して海沿いを戻ります

Ⓐ 備瀬のフクギ並木

朝の静かな並木道を自転車でぶらり

約2万本もの木々が、防風林として集落を守る。福を呼ぶとも言われるフクギ並木のやさしい木漏れ日の中を静かにサイクリング。

個性派ショップが密集！もとぶ町営市場を探検

レトロだけど現役バリバリの市場へ移動。素敵なショップも多く、まちぐゎーの醍醐味を味わえます。

Ⓒ 自家焙煎珈琲みちくさ

丁寧に自家焙煎されたコーヒーが市場散策の合間のひと休みにぴったり。市場中にコーヒーのいい香りが漂います。

Ⓑ 島しまかいしゃ

沖縄の動物や花をモチーフにした愛らしいフェルト雑貨は、一点ずつ表情が違うので選ぶのも楽しい。

1 2 沖縄モチーフのフェルト雑貨は1100円～

★★★ 備瀬のフクギ並木駐車場脇の並木レンタサイクルだけは8時頃から営業しているのでここを利用して。1台300円～

6 7 8 9 10 11 12 13 14 15 16 17 18 19 20 21 22 23 0

どっちの島がお好き？

瀬底島《せそこじま》 or 古宇利島《こうりじま》

SESOKO

Ⓓ 瀬底ビーチ

バッグンの透明度の瀬底ビーチでぼんやり

コーラルサンドの砂浜とどこまでも透明な海は、時間を忘れてぼんやり眺めてしまう美しさ。遠浅の海なのでシュノーケルも◎。

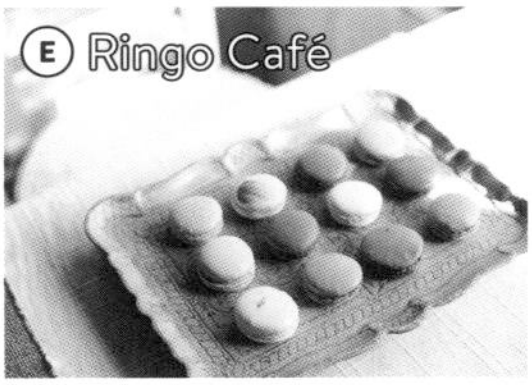

Ⓔ Ringo Café

こんなのどかな島で本格派の島味マカロン

フランス人パティシエのご主人が作るマカロン200円は島バナナやパッションフルーツ、泡盛など島素材が生かされています。小屋をリノベしたカフェでひと休み。

両脇に広がる青の絶景に注目！の古宇利大橋

コバルト色の海を両サイドに見ながら全長1960mの橋を渡れば、古宇利島に到着。屋我地島側の橋の脇には展望スペースも。

小腹がすいたらハワイスタイルでランチ

Ⓕ KOURI SHRIMP

下味に地元の泡盛を使用

海を一望するお店でガーリックシュリンプのプレート1300円〜を。テイクアウトもOK！

恋人の聖地は、誰もいない朝 詣でる

CMですっかり有名になったハートロック。昼には大型バスが乗り付けるほどの混雑ぶりですが、朝イチなら独り占めできるかも。

Ⓖ ティーヌ浜

KOURI

Ⓐ備瀬のフクギ並木 びせのフクギなみき MAP P.177 C-2 ☎0980-48-2371（備瀬区事務所）本部町備瀬 見学自由 許田ICから約31km Ⓟあり Ⓑ島しまかいしゃ しましまかいしゃ MAP P.177 C-3 ☎090-3794-8267 本部町渡久地4（本部町営市場内）11:00頃〜18:00頃 無休 許田ICから約24km Ⓟあり Ⓒ自家焙煎珈琲みちくさ じかばいせんこーひーみちくさ MAP P.177 C-3 ☎090-6865-7720 本部町渡久地4（本部町営市場内）11:00〜18:00（L.O.17:30）火・水曜 許田ICから約24km Ⓟあり Ⓓ瀬底ビーチ せそこビーチ MAP P.177 C-3 ☎0980-47-7000 本部町瀬底5583-1 9:00〜17:00（遊泳期間4月中旬〜10月）悪天候時 許田ICから約25km Ⓟあり（有料） Ⓔ Ringo Café リンゴカフェ MAP P.177 C-3 ☎0980-47-6377 本部町瀬底279 11:00〜16:00（売り切れ次第閉店）月・火曜 許田ICから約25km Ⓟあり Ⓕ KOURI SHRIMP コウリシュリンプ MAP P.176 E-2 ☎0980-56-1242 今帰仁村古宇利314 11:00〜17:00 悪天候時 許田ICから約24km Ⓟあり Ⓖティーヌ浜 ティーヌはま MAP P.176 E-2 今帰仁村古宇利 見学自由 許田ICから約31km Ⓟあり（有料）

Best time!
08:30 これがMY BEST 2Hコース！ 沖縄美ら海水族館は朝からIN

巨大な水槽、「黒潮の海」は、上から、下からとさまざまな角度から眺められる

早起きは三文の徳！ 静かな海中さんぽへ

県内随一の観光スポットだからこそ、比較的すいている時間帯にゆったりと滞在したいもの。**沖縄美ら海水族館の開館は通常期も繁忙期も8時30分。**昼前には混雑し始めるので、開館から2時間が狙い目です。

また**朝イチなら水槽の水もクリア。**晴れた日には太陽光が差し、美しい海の世界を写真に収めることができるはずです。

ジンベエザメとナンヨウマンタが泳ぐ**「黒潮の海」**はもちろん、個人的には**「サンゴの海」**が大のお気に入り。水槽の近くに立って、宝石のような色とりどりの熱帯魚が優雅に泳ぐ様を見上げると、まるで自分が海の世界に飛び込んだよう。朝の静かな水族館だからこその、特別な体験です。

海洋博公園には無料で楽しめるスポットも多数

★★★ 県内の道の駅や一部のコンビニでチケットを購入すれば、定価より１割前後お得に購入できます。

6
7
8
9
10
11
12
13
14
15
16
17
18
19
20
21
22
23
0

砂地に隠れた生き物
を探してみてね
START
01

03

人気者だけど見つける
のは至難の業？！
04

02

犬のチンに似ている
ことが和名の由来
06

オスのほうが
鮮やかなピンク
05

09

08

BESTシートのため
まずココへ！
07

10:30のショーで
FINISH
10

※2023年5月時点の情報。生き物の展示やショーの最新情報はHPにて確認を

個人的見どころ POINT

09　幻想的な暗闇の世界
暗闇の中、紫外線を反射して光るサンゴや体の一部が光る魚は、海中の星のよう。

10　タダと思えないイルカショーでシメ
オキちゃん劇場は水族館外の無料施設。（10時30分～、1日5回開催・人数制限あり）

沖縄美ら海水族館《おきなわちゅらうみすいぞくかん》

美ら海水族館周辺 MAP P.177 C-2 ☎0980-48-3748
本部町石川424 ⌚8:30～18:30（最終入館17:30）
※繁忙期はHP参照 HP参照 ¥2180円 許田ICから約27km Ⓟあり

05　サンゴ礁にすむ珍しい生物も
大小30点の個水槽は時期によって展示内容が変わる。レアキャラに出合えるかも。

06　シュールなビジュアル！
砂からゆらゆらと頭だけ出しているチンアナゴ。そのビジュアルにノックアウト。

07　カフェの特等席GET
「黒潮の海」横のカフェ。朝ならスムーズに席を確保できるかも？水槽側は有料指定席。

08　水槽を水上デッキから覗ける
黒潮探検（水上観覧コース）では「黒潮の海」を真上から覗けます（HP参照）

01　浅瀬にすむ生き物を近くで観察
浅い海（イノー）にすむ生き物を水面と水中の両方から観察できます。

02　10年以上かけて育ったサンゴは必見
約80種、470群体ものサンゴが育つ水槽は、本部町の海を再現したのだとか。

03　約150種の熱帯魚が優雅に泳ぐ
浅瀬から薄暗い洞窟まで再現された水槽。ヨスジフエダイの群れは壮観！

04　人気者がかくれんぼ
オレンジに白の帯が特徴のハマクマノミ。隠れていることが多く、見られたらラッキー

1

マングローブを進んで、亜熱帯植物ウォッチング

川を抜けて
海に到着！

4

マングローブの
奥へ奥へ！

3

2

1 慶佐次川の河口から上流へ進む 2 自然豊かな東村には南国植物が随所に 3 植物や生き物を見られる 4 コースの最後は海へ。潮風が気持ちいい

のジャングルクルーズへ

カヤックで感じる 水面にたゆたう心地よさ

川や海にカヤックを浮かべ、水面を滑るように漕ぎ出す。ゆったりとした心地いい風を頬に感じ、それだけであまりの気持ちよさに笑みがこぼれます。右、左とパドリングを続け、小さな冒険へ出かけましょう。

沖縄で行われるカヤックは、穏やかな海や川で楽しむものばかり。マングローブや海外の秘境のようなシダ植物に囲まれた滝を間近で見られ、沖縄の奥深さを体感するのにぴったりではないでしょうか（ただし那覇泊の場

やんばる. クラブ

沖縄本島最大のマングローブを満喫！

国の天然記念物、マングローブの中を進むカヤックツアーは沖縄ならではのワイルドな体験！ シャワー完備、ガイド付きの少人数制のツアーなので、女性や初心者でも安心して参加できます。

やんばる MAP P.178 D-4 ☎0980-43-6085 東村慶佐次730-4 8:00～17:00（電話受付～20:00） 無休 ¥2時間半コース7000円 許田ICから約27㎞ Ⓟあり URL www.yanbaru-club.com

★★★ やんばる.クラブのカヤックは干潮時には体験できないため、潮の干満で毎日開始時間が変わります。詳しくはHPか電話で問い合わせを。

6 7 8 **9** 10 11 12 13 14 15 16 17 18 19 20 21 22 23 0

シダ植物に囲まれた
ジャングルの奥、滝を目指す
1

4

マイナスイオン
たっぷり！
3

2

1 冬は水位が下がり、ダイナミックな岩の景色が楽しめる **2** **4** 支流に入ると景色は一変。太古の世界を彷彿とさせるヒカゲヘゴが生い茂る **3** 滝でクールダウン

Best time!

09:00 水面を滑るようにパドリング！ やんばるらしさ全開

合、移動に時間がかかるので要注意です）。

沖縄本島で**最大級のマングローブが広がる慶佐次川**《げさしがわ》では、やんばる固有の動植物を観察でき、最後には海に出てシーカヤックも楽しめるというダブルの楽しみが。

奥やんばるの国頭村で行われるカヤックは、広いダム湖からシダ植物が茂る支流に入り、最後にはマイナスイオンを浴びながら滝ツボで水遊び。どちらも心地よい疲労感が残り、水面にたゆたう浮遊感は、日頃のストレスを忘れさせてくれるはずです。

YambaruBlue

ヤンバルブルー

大人も童心に返る！

亜熱帯の植物に覆われたダム湖でのカヤック。夏季はロングクルーズと水遊びが楽しめます。水位の下がる冬季はリバートレッキングと組み合わせて、滝まで探検！

やんばる MAP P.178 E-3 ☎090-6860-6080 国頭村 9:30～12:00、13:30～16:00の2便 不定休 ¥7000円 許田ICから約59km Ⓟあり URL www.yambarublue.com 持ち物・服装／水に濡れても構わない服装・帽子・運動靴など足元が覆われた履物・飲み物

Best time!
09:00

祈りを捧げるなら、やっぱり朝がいい。

斎場《せーふぁ》御嶽《うたき》＋南部めぐりは午前がベスト

琉球神話にまつわる伝説が多く残る南部エリア。祈りを捧げる神聖な場所だからこそ、清らかな心で朝から訪れたい。

琉球王国最高の聖地、斎場御嶽へは朝イチで

琉球開びゃく伝説にも現れる沖縄随一の聖地へ訪れると、不思議と心静かになり、背筋がしゃんと伸びるもの。そこかしこに神が宿っているように思える緑の森を抜けると、大きな三角岩の奥にある拝所「三庫理《さんぐーい》」に到着します。神の島・久高島へ思いを馳せましょう。※三庫理は立入制限中

チケットは南城市地域物産館で購入

最初にある拝所・大庫理（うふぐーい）は大広間の意味

台所を意味する寄満（ゆいんち）は豊穣を願う場所

A 斎場御嶽《せーふぁうたき》

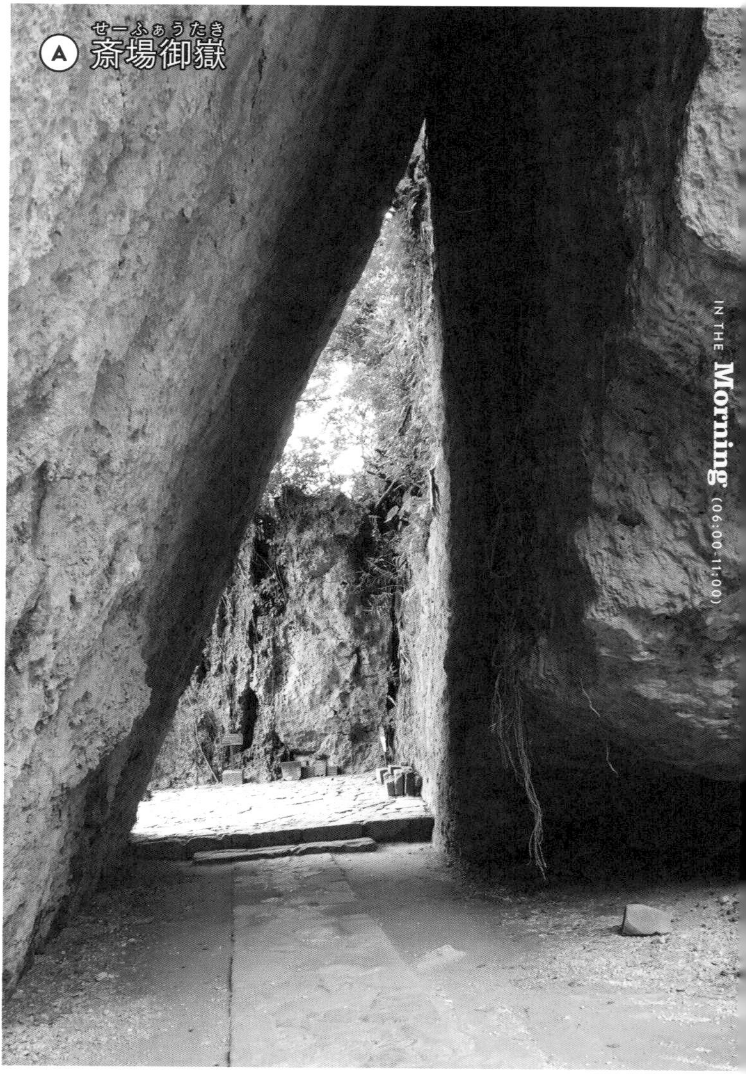

★★★斎場御嶽を深く知るには、ガイドと共にめぐるのが◎。※2日前17時までに要予約。料金2000円（人数により異なる）

Ⓑ Café Lodge《カフェロッジ》

6

7

8

9

10

11

軟骨ソーキの
トマトソース煮込み
1700円

展望カフェ密集地で、ピカイチの景色を満喫

森の中の屋外席や、海を一望するテラス席など、特等席の多いロッジへ。東海岸を望むカフェはお昼前のほうが海が美しく見えます。

12

Ⓒ 新原《みーばる》ビーチ

13

岩が独特の景色を作り出すビーチへ

約2kmも白い砂浜が続く天然ビーチ。南部のビーチは、どこかやさしく感じます。

Ⓓ ビン food+cafe'eju'

なんてかわいいビジュアル♥

14

15

広〜いお庭で自然派ランチ

16

気持ちがいい芝生の庭が広がる敷地内に、人気のショップ、ビンfoodのカフェが。素材、調味料にまでこだわった軽食やパフェをいただけます。

17

ハイビスカスなど沖縄素材を使用したコンフィチュール600円〜

18

Ⓔ 自然橋（ハナンダー）

ナニコレ !?な自然橋、ハナンダーを渡る

琉球石灰岩が途方もない時間をかけて侵食され、こんな形の天然橋になったんだとか。

19

20

21

22

ホロホローの森トレック

具志頭浜へと続く約600mの自然散策路。オオゴマダラなど、100種類を超える生物に囲まれた命の森です。

23

Ⓕ ホロホローの森

0

Ⓐ斎場御嶽 せーふぁうたき MAP P.168 F-4 ☎098-949-1899（緑の館・セーファ）🏠南城市知念久手堅 539 🕘9:00 〜 17:15（最終チケット販売）※時期により異なる 🔒不定休 ¥300 円 🚗南風原南 IC から約 16km Ⓟあり Ⓑ Café Lodge カフェロッジ MAP P.168 E-2 ☎098-948-1800 🏠南城市玉城垣花 8-1 🕘11:30 〜 17:00(L.O.16:00) 🔒月･火･金曜 🚗南風原南 IC から約 11km Ⓟあり Ⓒ新原ビーチ みーばるビーチ MAP P.168 E-3 ☎098-948-1103（みーばるマリンセンター）🏠南城市玉城百名 🕘9:00 〜 18:00 🔒期間中無休（遊泳期間 4 〜 9 月）🚗南風原南 IC から約 11km Ⓟあり（有料）Ⓓビン food+cafe 'eju' ビンフードプラスカフェイージュ MAP P.168 D-3 ☎080-3977-2100 🏠南城市玉城富山 117 🕘11:00 〜 15:30 🔒月･火曜 🚗南風原南 IC から約 7km Ⓟあり Ⓔ自然橋（ハナンダー） しぜんばし（ハナンダー） MAP P.168 D-3 ☎098-998-3300（八重瀬町観光物産協会）🏠八重瀬町具志頭 346-1 🕘見学自由 🚗南風原南 IC から約 8km Ⓟなし Ⓕホロホローの森 ホロホローのもり MAP P.168 D-4 ☎098-998-3300（八重瀬町観光物産協会）🏠八重瀬町玻名城 668-3 🕘見学自由 🚗南風原南 IC から約 8km Ⓟなし

Best time!

09:00

朝ごはんさえイベントになる、とびきりの3軒。

朝食べるべきごちそうがここに

ホテルビュッフェもいいけれど、たまには個性豊かな朝食を。海を眺めながらいただくおばんざいや琉球薬膳料理など、目覚めるのが楽しみな朝ごはんを目指して。

1

1無駄をそぎ落とし、計算され尽くした設計美を感じる外観 2店内からは屋我地島《やがじじま》を望む 3地産食材を使ったおばんざい定食2000円はメインを肉か魚から選べる。8時～14時30分まで注文可能

1. 海を眺めながら五感を刺激する“目覚め”の朝時間

3

2

Awayk

アウェイク

日常から離れ、気づきを得る場所

店名は「Away」と「Awake」を組み合わせた造語。穏やかな内海を眺めながら、丁寧にこしらえられたおばんざい定食をいただきます。ここでしか味わえない“目覚め”の時間を過ごして。

美ら海水族館周辺 MAP P.176 E-3
☎0980-43-7772
今帰仁村湧川 大福原2181-1
8:00～15:00（L.O.14:30）、15:00～17:00(カフェメニューのみ)
木曜※Instagram参照 許田ICから約17km Ⓟあり

★★★ Awaykでは15時以降、カフェタイムやナチュラルワインでの“アペロ”を楽しめます。

ニガナの白和えや長命草のサラダなど、50品目もの沖縄の薬草・素材を使った栄養満点の料理が並ぶ薬膳朝食3300円

2. 丁寧に作られた琉球薬膳料理を

沖縄第一ホテル

おきなわだいいちホテル

朝食目当てのリピーター続出

創業60年以上の老舗ホテル。約20品、585kcalというボリューム満点、かつヘルシーな薬膳朝食が人気。要予約で宿泊者以外の利用もできます。

那覇 MAP P.181 B-2 ☎098-867-3116 🏠那覇市牧志1-1-12 🕗8:00～11:30(8:00、9:00～の1日2回) 🔒無休 🚗ゆいレール県庁前駅から徒歩約7分 Ⓟあり

2

1

3. ハワイアン気分のふわもちパンケーキ

1 数量限定の名物ナッツナッツパンケーキ1100円。そのほかしょっぱい系パンケーキもおいしい 2 ハワイにありそうなレトロな外観

Hawaiian Pancakes House Paanilani

ハワイアン パンケーキ ハウス パニラニ

バターミルクを配合したパンケーキで甘い朝食を。ふわふわもちもちの食感の生地にナッツソースがかかり、気分はまるでハワイアン！

西海岸リゾート MAP P.175 C-3 ☎098-966-1154 🏠恩納村瀬良垣698 🕗7:00～16:30(朝7時のみ予約可) 🔒無休 🚗屋嘉ICから約8.5km Ⓟあり

Best time!
10:00-11:00

飲みすぎた翌日は、あちこーこーの豆腐でスタート。
ちょっと遅めの朝食は やさしいゆし豆腐

二日酔いの朝。ゆし豆腐のやさしさに包まれたなら

泡盛ナイトの翌日も、二日酔いで悩みたくない。そんな私たちの救世主が「ゆし豆腐」。カツオと豚骨でとった出汁のやさしくも奥深い味わいと、大豆の風味を存分に生かした豆腐が胃袋に染みる染みる…。一度お試しあれ。

ゆし豆腐とそばの夢のコラボ

1地元のお客さんがひっきりなしに訪れる 2平打ちちぢれ麺が塩味のスープによく合う

ゆしどうふそば(大)650円。麺は平打ちの縮れ麺で、軟骨ソーキがのる

自慢の味をどうぞ！

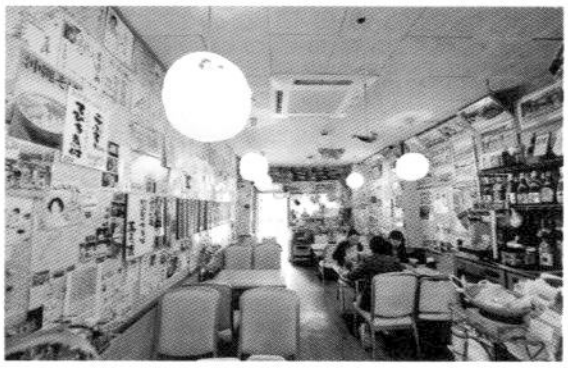

自家製ゆし豆腐定食750円。特製味噌やコーレーグースを入れて味変も楽しんで！

高江洲そば
たかえすそば

平打ちちぢれ麺 × 塩味スープ

コクのあるゆし豆腐そばがここの看板メニュー。豚骨ベースでもあっさりしたスープがまだ眠い体にやさしく染み渡ります。

中部 MAP P.171 C-1
☎098-878-4201 浦添市伊祖3-36-1 10:00～16:00(売り切れ次第閉店) 日曜 西原ICから約4km Ⓟあり

家庭料理の店まんじゅまい
かていりょうりのみせ まんじゅまい

メニュー豊富な沖縄料理食堂

沖縄そばからカレーまで、メニュー数はなんと70以上！ にがりを使わず海水だけで作られたふわっふわのゆし豆腐が絶品。

那覇 MAP P.181 A-1
☎098-867-2771 那覇市久茂地3-9-23 11:00～14:00、17:00～22:00(L.O.21:30) 日曜 ゆいレール美栄橋駅から徒歩約7分 Ⓟなし

1 豚の角煮と半熟卵がのるゆしどうふそば750円 2 出汁で豆腐を煮た豆腐ンブサー750円 3 空港近くなので到着後直行してもいい

海洋食堂
かいようしょくどう

大豆の味をダイレクトに感じる

元豆腐店で、現在も毎朝その日使う分だけ豆腐を手作り。料理のレシピはおかみさんからお嫁さんへ引き継ぎの真っ最中。

南部 MAP P.169 B-1
☎098-850-2443 豊見城市名嘉地192-10 10:00～18:00 日曜
豊見城・名嘉地ICから約1km Ⓟあり

Best time!
10:00

わざわざ行く価値、大アリ。（断言）

“ケラマブルー”を求めて 渡嘉敷島へ1DAYトリップ

IN THE **Morning** (06:00-11:00)

どこまでも青く輝く 海中世界に言葉を失う

国立公園に指定されている慶良間諸島。那覇の泊港からたった40分でたどり着けるその場所に、世界一と言われる海はあります。わざわざ行く価値あり！と断言できる海を目指して、日帰り旅へ出かけましょう。

大小20からなる諸島の中でも渡嘉敷島は一番大きく、そのほとんどが森林で覆われている沖縄でも珍しい島です。到着したら、まずは海へ直行。渡嘉志久ビーチや阿波連ビーチでは、シュノーケリングで色々な種類の熱帯魚に遭遇することが叶いますが、海中世界の神髄を体験するなら、やっぱりダイビングが一番。一生忘れられない景色に出合えるはずです。

見つけても そっと見守ってね

泊港からフェリーで70分、高速船なら40分で到着です。

Ⓐ 渡嘉志久ビーチ

港から山を越えて、ウミガメがすむ渡嘉志久ビーチへ。静かで穏やかな穴場ビーチは、驚くほどの透明度！ シュノーケルするなら抜群のロケーションです。

Ⓑ 阿波連ビーチ

ランチ後はビーチをハシゴ。波打ち際そばからサンゴ礁が広がります。

Ⓒ 阿波連園地

レンタカー移動なら、島の南の突端へ。朝日も夕日も拝める絶景スポットです。

Ⓓ Half 1/2 Time

渡嘉敷島に1泊するなら、夜はステーキ＆ハンバーガーレストランへ。

ケラマなら海中散歩はマスト

Ⓔ シーフレンド

せっかく慶良間諸島を訪れたなら、ダイビングで海中世界のお散歩へ。ケラマの海を知り尽くしたベテランのインストラクターがやさしく指導してくれるのでビギナーでも安心。

渡嘉敷島
とかしきじま

MAP P.179 B-1 ☎098-987-2333(渡嘉敷村役場観光産業課)、098-868-7541(渡嘉敷村船舶課 那覇連絡事務所) 渡嘉敷村 泊港からフェリー(フェリーとかしき)で約1時間10分/1690円(片道)、高速船(マリンライナーとかしき)で約40分/2530円(片道)

Ⓐ渡嘉志久ビーチ とかしくビーチ MAP P.179 B-2 ☎098-987-2333(渡嘉敷村役場観光産業課) 渡嘉敷村渡嘉敷 遊泳自由 渡嘉敷港から約3km Ⓟあり Ⓑ阿波連ビーチ あはれんビーチ MAP P.179 B-2 ☎098-987-2333(渡嘉敷村役場観光産業課) 渡嘉敷村阿波連 遊泳自由 渡嘉敷港から約5km Ⓟあり Ⓒ阿波連園地 あはれんえんち MAP P.179 B-2 ☎098-987-2333(渡嘉敷村役場観光産業課) 渡嘉敷村阿波連 見学自由 渡嘉敷港から約8km Ⓟあり Ⓓ Half 1/2 Time ハーフタイム MAP P.179 B-2 ☎098-987-2021 渡嘉敷村阿波連122 18:30～22:00L.O.(季節により異なる) 不定休 渡嘉敷港から約5km Ⓟなし Ⓔシーフレンド MAP P.179 B-2 ☎098-987-2836 渡嘉敷村阿波連155 8:00～20:00 無休 渡嘉敷港から約5km Ⓟあり

★★★ シーフレンドのボート体験ダイビングツアーは、少人数制。ガイドスタッフは全員インストラクターと潜水士の資格保持者なので安心です。

6
7
8
9
10
11
12
13
14
15
16
17
18
19
20
21
22
23

多種類のサンゴや魚が生息する慶良間の海は、まるで別世界。一生に一度は見ておくべき美しさ！

Best time!

10:00

パワスポも海も、ならではグルメも。

アイランドホッピングが楽しい！ドライブへ

東海岸側にある4つの小さな島。神聖な霊場や絶景、ローカルグルメが目白押しの島々を、車でぐるりとめぐりましょう。

Ⓐ 海の駅 あやはし館

あやはし館で360度海ビューを満喫

海中道路の真ん中にある海の駅でドライブ休憩を。展望台から海ビューを眺めるのもいい。

HAMAHIGAJIMA

Ⓑ シルミチュー

島全体がパワースポットの浜比嘉島へ

亜熱帯植物に囲まれた階段の先には、琉球開祖の男女の神が暮らしたという洞窟が。神聖な場所で、子宝祈願に訪れる人も多数。

IN THE Morning (06:00-11:00)

Ⓒ アマミチュー

琉球開祖のアマミチュー、シルミチューが祀られる。

人が少ない穏やかな天然ビーチへ

浜比嘉島のムルク浜はトイレ、シャワーを完備した隠れ家ビーチ。海までの道は狭いので要注意。

Ⓓ ムルク浜

Ⓔ 丸吉食品

ローカル全開の立ち寄りスポット

ご主人が漁で捕ったワタリガニとモズクを使った天ぷら450円は、カニの風味が濃厚で美味！奥の食堂で軽食も楽しめます。

揚げたてにかぶりつけ！

★★★ 平安座島に渡る海中道路の周辺は浅瀬なので、ドライブしながらブルーの海を眺めたいなら満潮時を狙って。

6
7
8
9
10
11
12
13
14
15
16
17
18
19
20
21
22
23
0

MIYAGIJIMA

暑～い日の塩分補給!?

Ⓗ 果報《かふう》バンタ

ぬちまーす敷地内に隠れ絶景スポットが！

沖縄の方言で「幸せの岬」を意味する岬からは太平洋を一望！ 高台の絶壁から海を望めばその名の通り「果報者」になれるかも？

Ⓖ ぬちまーす

ミネラルたっぷりの塩ソフトで小休止

宮城島の太平洋側の海水のみを使ったぬちまーす（命の塩）の工場で、塩ソフトクリーム550円を。

真っ赤な伊計大橋を渡って、伊計島へ

島めぐりもクライマックス。サトウキビ畑が広がる小さな島のビーチを目指しましょう。

ハリネズミパン
300円

Ⓕ BOULANGERIE CAFÉ Yamashita

ぬちまーすを使ったこだわりパンをゲット

約20～30種類の無添加、天然酵母の手作りパンが並ぶベーカリー。ランチもできるので、ドライブ途中に立ち寄って。

IKEIJIMA

Ⓘ 大泊ビーチ

ウミガメも訪れるビーチでシュノーケル

約600m続く砂浜が美しいビーチは、内海のため風や潮の影響を受けにくく穏やか。お腹がすいたらパーラーで食事を。

Ⓐ海の駅 あやはし館 うみのえき あやはしかん MAP P.172 E-4 🏠うるま市与那城屋平4 🚗沖縄北 IC から約 14km Ⓟあり Ⓑシルミチュー MAP P.172 E-4 ☎098-978-7373（あまわりパーク内観光案内所）🏠うるま市勝連比嘉 🚗沖縄北 IC から約 21km Ⓟなし Ⓒアマミチュー MAP P.172 E-4 ☎098-978-7373（あまわりパーク内観光案内所）🏠うるま市勝連比嘉 🚗沖縄北 IC から約 19km Ⓟなし Ⓓムルク浜 ムルクはま MAP P.172 E-4 ☎098-978-7373（あまわりパーク内観光案内所）🏠うるま市勝連比嘉 🚗沖縄北 IC から約 19km Ⓟあり（有料） Ⓔ丸吉食品 まるよししょくひん MAP P.172 E-4 ☎098-977-7905 🏠うるま市勝連浜 72-2 🕘8:00～18:00 🔒無休 🚗沖縄北 IC から約 19km Ⓟあり Ⓕ BOULANGERIE CAFÉ Yamashita ブロンジェリー カフェ ヤマシタ MAP P.172 E-3 ☎098-977-8250 🏠うるま市与那城平安座 425-2 2F 🕘11：00～19：00 🔒水～金曜 🚗沖縄北 IC から約 17km Ⓟあり Ⓖぬちまーす MAP P.172 F-3 ☎098-923-0390 🏠うるま市与那城宮城 2768 🕘9:00～17:30 🔒無休 🚗沖縄北 IC から約 23km Ⓟあり Ⓗ果報バンタ かふうバンタ MAP P.172 F-3 ☎098-923-0390 🏠うるま市与那城宮城 2768（ぬちまーす製塩工場敷地内）🕘9:00～17:30 🔒無休 🚗沖縄北 IC から約 23km Ⓟあり Ⓘ大泊ビーチ おおどまりビーチ MAP P.172 F-2 ☎098-977-8027 🏠うるま市与那城伊計 1012 🕘9:00～17:30（冬季は～17:00）🔒無休 ¥500円（施設管理料）🚗沖縄北 IC から約 28km Ⓟあり（有料）

MY BEST

NAHA BREAKFAST MAP

（那覇の朝食編）

**朝はサクッと！
でもちゃんとおいしく**

那覇の格安ホテル宿泊の場合、朝ごはんが付いていないケースが多々あります。そんな時も朝から妥協は一切なし！ 朝食営業店の少ない那覇で、ちゃんとおいしいごはんをお目当てに、早起きしましょう。

IN THE **Morning** (06:00-11:00)

D 樂園CAFÉのモーニングセット850円

デパートリウボウの2階にあるカフェ。朝食時は県内の人気ベーカリーから選んだ日替わりのパンとスープ、ドリンクがセットになったメニューが登場します。（8:00 ～ 11:00）

A さんご座キッチンの「さんご座キッチンセレクトパンを楽しむ」900円

街の映画館、桜坂劇場内にあるセルフスタイルのオープンカフェ。映画を観ずとも、カフェだけの利用が可能。パンにあれこれのせて食べる、朝食にぴったりのセットをめしあがれ。

C C&C BREAKFAST OKINAWAのフレンチトーストフルーツスペシャル1760円

「旅先で食べるおいしい朝食」をテーマに、沖縄食材を使った手作りの朝食を提供。フレンチトーストが隠れるほどフルーツがてんこ盛りのアサイーボウル770円も。

F Le Prêt a Porterのパン

赤い外観がかわいいブーランジェリー。ショーケースには国産小麦のハード系のパンが並び、目移りしてしまう。朝7時から営業しているのもうれしい！ カルダモンダモン220円、デニッシュ 350円、TESIOソーセージのハードッグ400円

Ⓐ さんご座キッチン
さんござキッチン

那覇 MAP P.180 D-3 ☎098-860-9555 🏠那覇市牧志3-6-10（桜坂劇場内）⏰10:30～21:30（上映時間により変動あり）🔒無休 🚗ゆいレール牧志駅から徒歩約5分 Ⓟなし

Ⓑ ベトナムバイク屋台・コムゴン
ベトナムバイクやたいコムゴン

那覇 MAP P.180 E-5 ☎070-5815-8103 🏠那覇市壺屋1-34-8 ⏰ 🔒時間・定休日未定。Instagram参照 🚗ゆいレール安里駅から徒歩約9分 Ⓟあり

Ⓒ C&C BREAKFAST OKINAWA
シーアンドシーブレックファストオキナワ

那覇 MAP P.181 C-3 ☎098-927-9295 🏠那覇市松尾2-9-6 ⏰9:00～14:00（土・日曜、祝日は8:00～）🔒火曜 🚗ゆいレール牧志駅から徒歩約10分 Ⓟなし

Ⓓ 樂園 CAFÉ
らくえんカフェ

那覇 MAP P.181 A-4 ☎098-867-1171（代表）🏠那覇市久茂地1-1-1 デパートリウボウ2F ⏰8:00～20:30（L.O.20:00）🔒無休 🚗ゆいレール県庁前駅から徒歩約2分 Ⓟあり（有料）

Ⓔ BUY ME STAND OKINAWA
バイ ミー スタンド オキナワ

那覇 MAP P.180 E-1 ☎098-927-4995 🏠那覇市安里1-4-13 山田ビル1F ⏰8:00～16:00（L.O.）🔒無休 🚗ゆいレール牧志駅から徒歩約5分 Ⓟなし

Ⓕ Le Prêt a Porter
ル プレタポルテ

那覇 MAP P.180 D-5 ☎070-8459-3227 🏠那覇市樋川2-2-5 ⏰7:00～19:00 🔒火・水曜 🚗ゆいレール牧志駅から徒歩約11分 Ⓟなし

パンも自家製

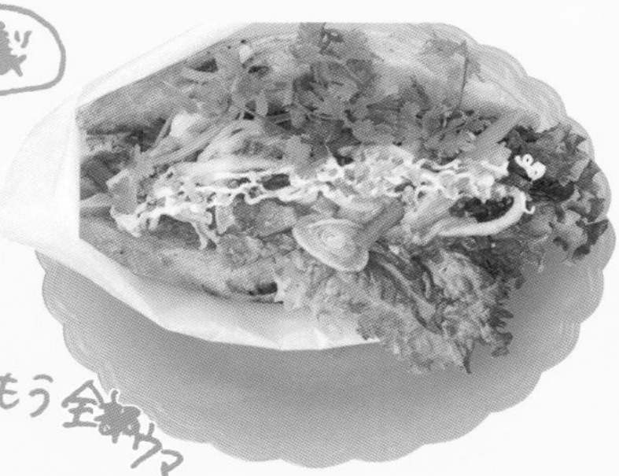

具もソースもパンも、もう全部ウマーイ!!!

Ⓑ **ベトナムバイク屋台・コムゴンの自家製パンのバインミー**

330号沿いの年季の入ったレトロな古民家で、パン生地からこだわった本格的なバインミーの朝食を。リニューアルして広くなったお店では地元の新鮮野菜や無農薬米なども販売。ますます地域に寄り添ったお店にパワーアップ！

Ⓔ **BUY ME STAND OKINAWAのHELLA GREEN 1250円**

写真映えするポップなインテリアの店。10 種類以上あるホットサンドは、サイドディッシュとドリンク付き。たっぷりのアボカドとほうれん草、チーズ、バジルソースのコンビが絶妙！

北へ南へ、はたまた離島へ、アクティブにお出かけするなら朝早く一日をスタート！

Island 1 day trip

離島への1day Tripは目的別にチョイスする

沖縄本島の周辺には1時間以内で行ける離島がいくつかあり、個性もさまざま。

シュノーケリング＆ダイビングは

阿嘉島《あかじま》

慶良間諸島 MAP P.179 A-1
☎098-987-3535(座間味村観光協会・阿嘉島さんごゆんたく館) 座間味村阿嘉 泊港からフェリー(フェリーざまみ)で約1時間30分/2150円(片道)、高速船(クイーンざまみ)で約50分/3200円(片道)

阿嘉島の海は世界随一の透明度。特に遊泳可能な北浜《にしばま》ビーチは一生に一度は行くべき美しさです。自転車を借りてビーチのハシゴができる規模感も魅力。

神聖な場で心静かに

久高島《くだかじま》

島全体が聖地という神の島。イシキ浜やハビャーン(カベール岬)などをめぐっていると、心が浄化されていくよう。一般に立ち入れない聖地もあるので、敬意をもって訪れましょう。

南部 MAP 上図 ☎098-835-8919(久高島振興会) 南城市知念久高 安座真港から高速船で約15分/770円(片道)

サクッとマリンアクティビティを楽しむなら

ナガンヌ島

オプショナルツアーで上陸できる無人島。ビーチで海水浴を楽しむもよし、シュノーケルツアーやパラセーリングなどのアクティビティ(有料)で遊ぶのもおすすめ！

慶良間諸島 MAP 上図 ☎098-860-5860(株式会社とかしき) 渡嘉敷村前島(集合場所:那覇市泊3-14-2) ⏲8:00～17:00 泊港からクルーザーで約30分/5800円(7～9月は7400円)

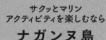

これ 知ってる？

沖縄の曇天率、意外と高め。

沖縄といえば青い海・青い空のイメージが強いですが、実は晴天率は全国でもワースト級…。むしろ「晴れたらラッキー」の精神で計画を立ててみて。

うちなータイムに従うべし。

沖縄にはのんびりした人が多く、約束に遅れることも。ですが、これはむしろ沖縄の魅力。ピリピリせずに「なんくるない」精神で受け入れましょう。

Do you know

Rainy day

雨の日用のプランを用意

沖縄はGW明け～6月中旬頃までの梅雨や1～2月頃は、残念ながら晴天率は低め。雨でも楽しめる選択肢を用意しておけば、段取りもスムーズです。

☑ おすすめの過ごし方

雨をハッピーに過ごすなら、森カフェへお出かけを。水に濡れた緑がいつもより生き生きして見えます。ホテルのアフタヌーンティーやスパで過ごすのも気分が上がるものです。

☑ 大きめのハコもの施設

- 沖縄美ら海水族館　→P.23
- イオンモール沖縄ライカム MAP P.173 B-4
- 琉球ガラス村 MAP P.169 B-4
- 第一牧志公設市場→P.64

晴れた日は三大ベタ絶景もアリ

真栄田岬
まえだみさき

西海岸リゾート MAP P.175 A-5
☎098-982-5339（真栄田岬管理事務所）🏠恩納村真栄田469-1 🕘7:00～18:30（季節により変動あり）※シャワー室18:30まで、駐車場19:00まで 🔒無休 ¥無料 🚗石川ICから約7km Ⓟあり（有料）

残波岬
ざんぱみさき

西海岸リゾート MAP P.173 A-1
☎098-958-3041（燈光会残波岬支所）🏠読谷村宇座岬原1933 🕘見学自由、灯台は9:30～最終受付16:10（季節により異なる）¥灯台は参観寄付金300円 🚗石川ICから約14km Ⓟあり

万座毛
まんざもう

西海岸リゾート MAP P.175 B-3
☎098-966-8080（万座毛株式会社）🏠恩納村恩納2767 🕘8:00～20:00（11～3月は～19:00）¥展示観覧料100円
🚗屋嘉ICから約7km Ⓟあり

⚠ CAUTION!

☑ 朝の営業スタートはどこもかなり遅め

食堂やカフェ、どの飲食店も営業時間のスタートは11時や12時と遅め。どこでも朝食が食べられる…と7時や8時に出かけても営業しているローカルのお店は少ないので要注意です。

☑ むやみに近づくべからず。神聖な御嶽《うたき》のハナシ

今も現役で神事が執り行われ、祈りが捧げられる御嶽。神社のように建物があるわけではないので、むやみに立ち入らぬよう注意を。御嶽にあるものは持ち帰らず、訪れられたことに感謝を伝えることを忘れずに。

History

悲しくも穏やかな場所へ

歴史に触れるなら一路南部へ

1945年3月26日から3か月間続いた沖縄戦。最後の激戦地となった南部には、戦争の悲惨さを知り、改めて平和の大切さを考えさせられる場所が点在します。悲しい歴史がありながら穏やかな空気が流れる南部で、平和の祈りを捧げましょう。

平和祈念公園
へいわきねんこうえん

南部 MAP P.169 C-5 ☎098-997-2765 🏠糸満市摩文仁444 🕘8:00～22:00（施設により異なる）
🔒無休 ¥見学自由（資料館と祈念堂は有料）🚗豊見城ICから約15km Ⓟあり

ひめゆりの塔・ひめゆり平和祈念資料館
ひめゆりのとう
ひめゆりへいわきねんしりょうかん

南部 MAP P.169 B-4
☎098-997-2100 🏠糸満市伊原671-1 🕘9:00～17:00（最終入館）
🔒無休 ¥資料館450円（ひめゆりの塔は見学自由）🚗豊見城ICから約10km Ⓟあり（周辺の土産店Ⓟを利用）

Okinawa the best time

AROUND

Noon

11:00 - 14:00

ランチタイムは沖縄グルメの一番の勝負時。あんまー（お母さん）が腕を振るうレトロな食堂やB級グルメ、沖縄そばの食べ比べと、胃袋がいくつあっても足りません。フードファイター気分でローカルグルメ食い倒れの旅へ！

自家製麺 沖縄そば海と麦と（→P.51）で、丁寧にとった出汁が染みるそばを食べよう。フレンチの技法を応用した三枚肉は必食！

Best time!

11:00

AROUND **Noon** (11:00-14:00)

BAKERY CAFEへ

味も雰囲気も100点満点。

いまや沖縄は、天然酵母や県産素材を使った本格的なパンがいただけるベーカリーの宝庫です。

POINT
パンはもちろん、日替わりで提供されるスープもしみじみ味わい深い。

1 ブロックアーティストによる看板が目印 2 スモークサーモンとクリームチーズのベーグルサンドにスープがセットになったランチセット1320円 3 4 天然酵母に日々真摯に向きあう姿は職人そのもの

commons
コモンズ

薪窯で焼く天然酵母パン

宗像堂出身の金城さんがオープンさせたベーカリー。県産小麦の風味を味わってほしいと薪窯で焼いたパンは、どれもシンプルながら奥行のある味わいと力強さを感じます。テラス席でスープ付きのランチをぜひ。

西海岸リゾート MAP P.173 B-2 ☎098-989-8069 読谷村名2281
10:00 ～14:00 日・月曜 石川ICから約12㎞ Ⓟあり

7

6

5

5 全粒粉食パン864円（1本） 6 もっちりした食感のアーサのフォカッチャ 378円 7 島麦かなさん全粒粉を使用したカントリーブレッド1620円（ホール）、486円（1/4）

★★★ Le Prêt a Porterの向かいには、TESIOが併設されたLIQUID THE STORE（→P.77）があるので、家飲みのための食材が一度に揃います。

POINT
ゆっくり発酵させた生地は石窯で焼かれ、外はパリッと中はしっとり！

宗像堂
むなかたどう

沖縄の天然酵母パンのカリスマ的存在

どっしりとして、噛むほどに素材本来の甘さが感じられる素朴なパンが多くの人を魅了。テラス席でパンと共にスープやオリジナルドリンクも味わって！

中部 MAP P.170 D-1 ☎098-898-1529 宜野湾市嘉数1-20-2 10:00～17:00 水曜 西原ICから約3km Ⓟあり

1 沖縄県産の素材を使ったパンも多数 2 最もパンが出揃う11時前後を狙ってお出かけを。40～50種が並ぶ

POINT
プレートは島野菜サラダと野菜スープ付きでしっかり野菜をとれるのが◎。

PLOUGHMAN'S LUNCH BAKERY
プラウマンズ ランチ ベーカリー

丘の上に立つベーカリーカフェ

緑が生い茂る階段を上った先にあり、遠くの海も見渡せるロケーション！ 野菜たっぷりのサンドイッチはテイクアウトもOK。朝早くオープンするのもうれしい。

中部 MAP P.173 B-5 ☎098-979-9097 北中城村安谷屋927-2 #1735 9:00～16:00 日曜 北中城ICから約2km Ⓟあり

1 建物は築50年の外国人住宅をリノベ 2 ナンプラーとレモンのすっぱ辛さが絶妙なアボカドのオープンサンド1200円

TO GO《お持ち帰り》だけのBAKERY

Pain de Kaito
パン ド カイト

日常に溶け込むパン

どのパンも本格的なおいしさなのに驚くほどリーズナブル。

美ら海水族館周辺 MAP P.176 D-5 ☎0980-53-5256 名護市宇茂佐の森4-2-11 8:00～17:00 不定休 許田IC から約9km Ⓟあり

1 パン・オ・ルヴァン（ライ麦パン）540円 2 紅芋キャラメル216円

Le Prêt a Porter
ル プレタポルテ

本格派のハード系パンがズラリ

国産小麦に県産小麦の「かなさん」を絶妙なバランスで配合したハード系パンが並びます。小麦の香ばしい風味や食感のコントラストが見事！

→P.37

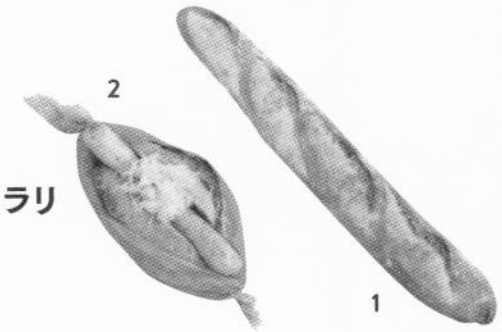

1 バゲットクラシック260円 2 TESIOのソーセージを挟んだハードッグ400円

Best time!

11:00

これが沖縄スタンダード。

殿堂入りB級グルメを食べ尽くす

沖縄ではなぜか、気取らないB級グルメが食べたくなるもの。B級だけど味はA級！な殿堂入りグルメに、必ず一度はお世話になるはずです。

セニョールターコのタコスとインチラーダ

プラザハウスで約40年前から続くタコス店。表面はパリパリ、中はもちもちという独特な食感の特製タコスシェル（1ピース220円）が絶品で、自家製サルサソースをかけて頬張れば、気分はメキシコへひとっ飛び！ アットホームな接客もかなりの好ポイント。

インチラーダ693円は生地の食感に注目！

名物のタコスは1ピースから注文OK

A

ルートビアは店内はおかわり無料！

A&Wのルートビアとザ★A&Wバーガー

「エンダー」の名で知られるA&Wが沖縄にできたのは1963年。なんと日本初のファストフード店なのです。The A&Wバーガー790円は、オニオンリングや黒糖ペッパーポークがのる大満足の一品。名物ルートビアをお供に。

Rooty®

クリームチーズが味のアクセントに

B

漁師町の奥武島は、新鮮魚介のグルメがたくさん。天ぷら店の激戦区としても知られています。

6
7
8
9
10
11
12
13
14
15
16
17
18
19
20
21
22
23
0

Ⓒ 沖縄丸鶏製造所ブエノチキンのブエノチキン（１羽）

１９８２年の創業以来、メニューはチキンの丸焼き２０００円だけ、という潔さ。朝〆したやんばる若鶏をお酢がベースの特製のタレに漬け込み、じっくりロースト。中にはたーっぷりのニンニクが入り、食欲が湧くこと保証します。

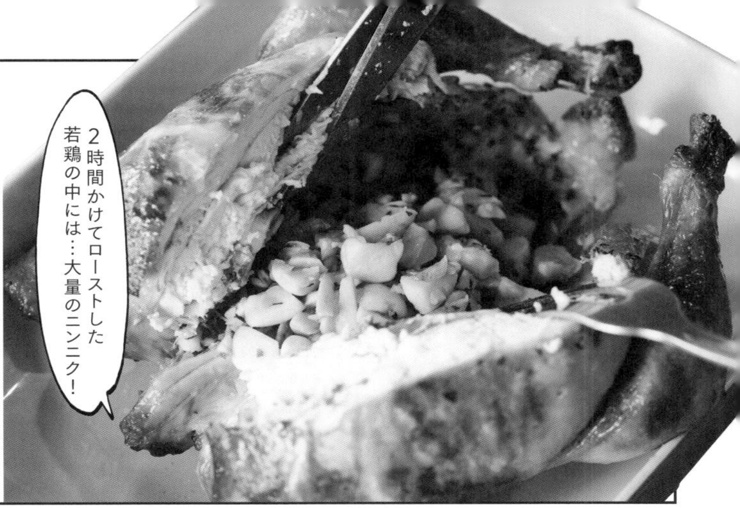

２時間かけてローストした若鶏の中には…大量のニンニク！

Ⓓ 元祖中本てんぷら店の天ぷら

沖縄県民がおやつ感覚で食べている天ぷら。本島から車で渡れる奥《お》武《う》島《じま》の中本てんぷら店では、揚げたてのもずく天ぷらをご賞味あれ。１個１００円～とリーズナブル！

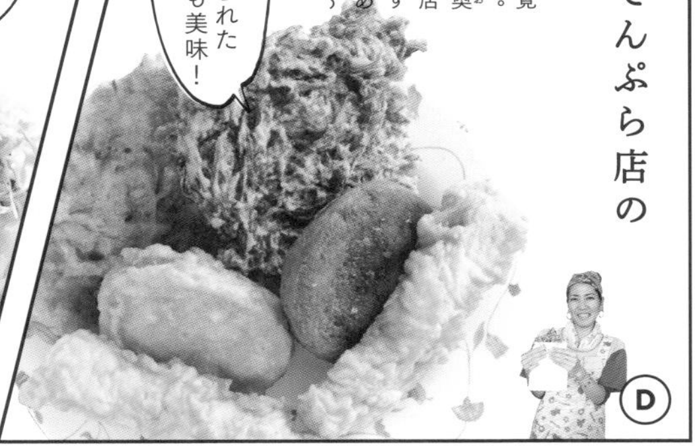
たっぷり衣がつけられた魚やイカの天ぷらも美味！

Ⓔ キングタコスのタコライスチーズ野菜

タコライス発祥の店「パーラー千里」の創業者一族が営む老舗、通称キンタコ。ボリューム満点のタコライスチーズ野菜８００円を求めて、週末には人があふれるほどの人気ぶり。

「チーズ野菜のせ」がボリューム的にも◎

生地もソースもぜ～んぶ自家製！

Ⓐ SEÑOR TACO

セニョールターコ

中部 MAP P.173 B-4 ☎098-933-9694 🏠沖縄市久保田3-1-6 プラザハウスショッピングセンター 1F 🕘11:00～21:00 🔒無休 🚗沖縄南ICから約3km Ⓟあり

カーリーフライも外せない！

Ⓑ A&W 牧港店

エイアンドダブリュ まきみなとてん

中部 MAP P.171 C-1 ☎098-876-6081 🏠浦添市牧港4-9-1 🕘24時間 🔒無休 🚗西原ICから約4km Ⓟあり

やわらかな若鶏とニンニクが夢のコラボ

Ⓒ 沖縄丸鶏製造所 ブエノチキン

おきなわまるどりせいぞうじょ ブエノチキン

中部 MAP P.171 C-2 ☎098-876-0452 🏠浦添市内間2-11-15 🕘10:00～17:30 🔒日・月曜 🚗ゆいレール古島駅から徒歩約15分 Ⓟあり

行列してでも食べたい！

Ⓓ 元祖中本 てんぷら店

がんそなかもと てんぷらてん

→P.119

キングの名にふさわしい元祖タコライス

Ⓔ キングタコス 金武本店

キングタコス きんほんてん

中部 MAP P.174 D-5 ☎090-1947-1684 🏠金武町金武4244-4 🕘10:30～21:00 🔒無休 🚗金武ICから約3km Ⓟあり

Best time!

09:00-19:00

北谷のポテンシャル、ナメめたらあかん。

北谷から一歩も出ずに24H過ごしてみる

北谷ならレンタカーであちこち回らずともOK！ 海、おしゃカフェ、買い物と、沖縄らしい一日を満喫できます。

09:00-
@VONGO&ANCHOR

数軒隣のZHYVAGO COFFEE WORKSの姉妹店で、こだわりのコーヒーと共に朝食を。輸入した古材を使った家具も居心地のよさを演出しています。

VONGO&ANCHOR
ボンゴ アンド アンカー
→P.19

アメリカ西海岸のような雰囲気

朝食はビーチフロントのカフェで

2

1

1 デリやグリル野菜に自家製パンがついたカリフォルニアボーイブレックファスト1580円
2 海外のカフェのように洗練され、海の景色が心を高揚させる

13:00-
@FRANKEY TAVERN

ランチはアメリカンスタイルで。アパレル、自転車ショップ、コーヒーショップが入る複合施設はまるでポートランドのよう。開放的な雰囲気で気分が上がります。

FRANKEY TAVERN
フランキータバーン

中部 MAP P.172 E-2 ☎098-988-5621 🏠北谷町美浜34-1 ⏲11:00～翌0:00 (L.O.23:00) 🔒無休 🚗沖縄南ICから約6km Ⓟあり

アメリカンなランチで
パワーチャージ

タコライス1380円。ワイルドなビジュアルのハンバーガーもおすすめ

10:00-
@アラハビーチ

白砂のロングビーチで海遊び！ アクティビティやBBQなど遊びコンテンツも豊富なので、手ぶらでも楽しめそう。船型遊具、インディアンオーク号は子どもに人気。

アラハビーチ →P.86

街ビーチで
サクッとひと泳ぎ

★★★ FLEX BAR&GRILLのジャークポークを家で再現できるシーズニングが！ 詳しくはP.76で紹介しています。

6
7
8
9
10
11
12
13
14
15
16
17
18
19
20
21
22
23
0

カラフルすぎて撮れ高MAX!

15:00-
@美浜アメリカンビレッジ

おもちゃ箱のようなカラフルな建物が並ぶ北谷のメイン観光スポットでショッピング。まるで撮影セットのようにディテールまで凝った造りで、フォトスポットの宝庫。

中部　MAP P.172 E-2 ☎098-926-4455(北谷町観光情報センター) 🏠北谷町美浜16-2 ⏲10:00 ～ 22:00(店舗により異なる) 🔒無休 🚗沖縄南ICから約6km Ⓟあり

1 ファッションを中心としたショップが集まるデポアイランド　2 3 海沿いにレストランやカフェが並ぶデポアイランド・ボードウォーク

17:00-
@北谷サンセットビーチ

空が赤く染まり始めたら、海沿いへ急いで！ アメリカンビレッジから徒歩数分で行けるビーチで極上のサンセットで一日の締めくくりをしましょう。

北谷サンセットビーチ →P.114

ちゃたんサンセットビーチ

夕日にうっとり

時期によって日の入り時間は変わるのでP.184を確認

ジャークチキンタコライス1280円、ジャークポークプレート1480円～。味の決め手は沖縄で栽培されたスコッチボネット

ビーチフロントでガチのジャマイカ料理

19:30-
@FLEX BAR&GRILL

サンセットの余韻を楽しむなら、海沿いのこちらのテラス席へ。香ばしさがたまらないジャークポークは、本場ジャマイカに一時期居を構えたオーナーによる本格派。

FLEX BAR & GRILL

フレックスバーアンドグリル

中部　MAP P.173 B-4 ☎098-926-0470 🏠北谷町北谷2-20-5 ⏲12:00～15:00(L.O.14:30)、16:30～23:00(L.O.22:00) 🔒水曜 🚗沖縄南ICから約6km Ⓟあり

1 アラハビーチを望むテラス席に陣取って
2 大音量のレゲエがBGM
3 カクテルを片手にいただけば多幸感MAX

Best time!
12:00

ローカル御用達は「裏」にあり。
国際通りは一本ハズシがポイント

うちなー気分で裏路地《すーじぐわぁー》散歩をするなら、国際通りの一本奥へ。浮島通りややちむん通りの先、名もなき通りにも素敵なお店が増殖中です。

通りの入口に巨大シーサーが

裏路地には登り窯・南窯が

Ⓐ Ⓑ やちむん 通り Ⓒ

Ⓐ guma guwa
グマー グワァー

朝の食卓を彩る一皿を

伝統柄をアレンジし、朝食使いをイメージした器が充実。壺屋焼の窯元「育陶園」の直営店。

那覇 MAP P.180 E-4 ☎098-911-5361 🏠那覇市壺屋1-16-21 ⏲10:00～18:00(季節により異なる) 🔒無休 🚗ゆいレール牧志駅から徒歩約9分 Ⓟなし

やちむん通り＋α

琉球王府の時代に陶工を壺屋に集めて以来、焼き物の町として歴史を紡いできました。ぽってり厚みのある「壺屋焼」など、ぬくもりを感じるやちむんショップめぐりにお出かけ。

爽やかな色合いの蓋付物入 8250円

Ⓑ Kamany
カマニー

若手作家の感性が光る

窯元・育陶園の若手を中心に生まれたブランド。暮らしに溶け込むやちむんばかり。

那覇 MAP P.180 E-4 ☎098-866-1635 🏠那覇市壺屋1-22-33 ⏲10:00～18:00(季節により異なる) 🔒無休 🚗ゆいレール牧志駅から徒歩約9分 Ⓟなし

沖縄らしいマンホールを発見

Ⓒ Craft・Gift ヤッチとムーン
クラフト アンド ギフト ヤッチとムーン

ほっこり系の作品多数！

味のある、かわいいやちむんが勢揃い。店舗オリジナルの商品も見逃せません。

那覇 MAP P.180 E-4 ☎098-988-9639 🏠那覇市壺屋1-21-9 ⏲10:00～18:30 🔒無休 🚗ゆいレール牧志駅から徒歩約9分 Ⓟなし

路地裏の塀までやちむん

★★★ やちむん通りの裏路地にある老舗窯元・育陶園 やちむん道場（MAP P.180 E-4）ではやちむん作りの体験教室を開催しています。（要予約）

国際通り裏なのに
こんなローカル感

浮島通り＋α

以前この通りにあった「浮島ホテル」がその名の由来。個性的なショップや島野菜をおいしくいただけるカフェが増殖中で、浮島通りから一本路地に入ったエリアまで拡大中。

浮島通り

←国際通り

雨が降ったら
市場中央通りへ

横道にも店が
増えてます

真喜屋修氏による
唐草皿2420円

Ⓓ GARB DOMINGO
ガーブドミンゴ

「琉球モダン」がコンセプト

県内作家や沖縄に縁のある作家の作品に出合えます。ギャラリーのような2階も素敵。

那覇 MAP P.180 D-4 ☎098-988-0244 那覇市壺屋1-6-3 9:30～13:00、14:30～17:00 水・木曜 ゆいレール牧志駅から徒歩約10分 Ⓟなし

Ⓔ miyagiya
ミヤギヤ

沖縄クラフトの魅力を発信

約40もの作家や工房の作品を販売。少数生産のモノばかりなので、気に入ったら即ゲットすべし。

那覇 MAP P.181 C-4 ☎098-869-1426 那覇市松尾2-19-39 12:00～19:00 水曜、木曜不定休 ゆいレール牧志駅から徒歩約12分 Ⓟなし

1 田村窯の蓋付物入3300円～
2 素朴で軽やかな小野田郁子氏のワイングラス3850円

Ⓖ 食堂 faidama
しょくどう ファイダマ

自家栽培の野菜が主役

沖縄の食材を、地元の人にも発見がある意外な食べ方で提供。「和」を取り入れた料理が美味！

→P.53

1 2 faidama定食1650円～に付く前菜とメイン。沖縄食材を中心に季節の地野菜をたっぷり添えて

注文後に丁寧に
ドリップ！

Ⓕ THE COFFEE STAND
ザ・コーヒー スタンド

気軽に楽しめる本格コーヒー

わずか2.5坪のスペシャルティ・コーヒー専門店。世界中から厳選した豆が味わえます。

那覇 MAP P.181 C-3 ☎080-3999-0145 那覇市松尾2-9-19 10:30～17:00 無休 ゆいレール牧志駅から徒歩約9分 Ⓟなし

Best time!

12:00

クラシック、なのに新しい。沖縄そばのいまを知るにはこの2軒。

沖縄そば界に現れたスター2TOP

STAND EIBUN

スタンド エイブン

新解釈！ 沖縄そばって面白い

数百メートル先にある大行列店、EIBUNの2号店。1号店と違った切り口のメニューが続々登場。斬新なのにしみじみおいしいのです。

那覇 MAP P.180 D-5 ☎080-7178-1187 那覇市壺屋1-1-18 11:00～16:00※売切次第閉店 水曜 ゆいレール牧志駅から徒歩約11分 Ⓟあり

栄文氏による進化を
リアルタイムで目撃せよ。

激盛りアーサー！
麺もアーサー！

1

2

3

ここまでやる!?
カレー専門店
顔負けの味

1 EIBUNのアーサーそば（アーサー専用生麺）980円 **2** 沖縄そば820円は好きな麺を選べる **3** スパイスの配合からこだわったチーズカレー沖縄そば（生麺）1100円

シェフ'sPROFILE

栄文氏は沖縄本島・離島の沖縄そば店を数百軒食べ歩き。さらに恩納村の某人気そば店で修業を積んだ。

伝統あるものは、いつの時代も進化を止めない

「引き算の美学」が光る沖縄そばは、進化や変化が難しいと思っていました。

ところが、よき文化を守りながら、それぞれの形で"攻め"の姿勢を明示する新星が、沖縄そば界にさっそうと現れたのです。STAND EIBUNは豚骨をじっくり煮込み、一番出汁と合わせたスタイル。そこに自家製黒八味や花椒、柚子胡椒など、ほかでは見ない「味変」薬味を加え好みの味に仕上げます。海と麦とは、厳選素材からとったカツオベースの出汁に、全粒粉入りの自家製麺を合わせたそば。三枚肉は真空調理で、肉本来の歯応えを実現。一見スタンダードに見えますが、その中に光る個性に感服です。

★★★「海と麦と」では店主が惚れ込んだギリシャのドリンク、アイスカプチーノフラッペ400円もおすすめ。テイクアウトして食後に飲んでみて！

1

具材一つ一つが
驚くほど美味

自家製麺沖縄そば 海と麦と

じかせいめん
おきなわそば うみとむぎと

厳選素材で作る超技法そば

元フレンチシェフによる沖縄そば店。肉の火入れや出汁のとり方までフレンチの手法を取り入れ、手間暇かけて作るそばは必食！

美ら海水族館周辺 MAP P.177 C-4 ☎0980-43-5850 本部町崎本部32 11:00～15:30（L.O.15:00）、日曜は～16:00（L.O.15:30） 火・水曜 許田ICから約21km Ⓟあり

1 ジューシー 300円 2 海麦そば1000円。軟骨ソーキと三枚肉がのる一番人気 3 おかかそば750円は素そばとおかかのみ

一口味わえば納得。
素材も手間も段違いの
「究極の一杯」がここに。

2

3

シェフ'sPROFILE

カナダやオーストラリアなど世界各国のフランス料理店で腕を振るった渡辺氏の手法を一杯のそばに凝縮させる。

シンプルだからこそ
際立つカツオの
豊かな風味

クラシックな沖縄そば

沖縄そばの専門店 きしもと食堂

おきなわそばのせんもんてん きしもとしょくどう

行列の絶えないTHE王道店

創業115年以上の老舗。手打ち麺のつなぎにシイノキやイジュなどの灰汁の上澄みを使用。昼時は特に長蛇の列になるので要注意。

美ら海水族館周辺 MAP P.177 C-3 ☎0980-47-2887 本部町渡久地5 11:00～17:30 水曜 許田ICから約24㎞ Ⓟあり

1

3

Best time!

12:00

だから、わざわざ行くんです。

1ランク↑の地産地消ランチ

2

太陽の日差しをいっぱい浴びているからか、沖縄の野菜はなぜか味が濃い！ 県産野菜や地魚など、素材そのもののおいしさを生かしながら、「ここでしか食べられない料理」に昇華させたお気に入りの4軒をご紹介。

6

5

4

★★★ Cookhalでは、やんばる野菜を使ったピクルスや、県産素材をたくさん使ったスパイスなども販売。おみやげにぴったり！

Ⓐ Cookhal
クックハル

やんばるの魅力、再発見

オーナーの芳野さんが育てた野菜や、やんばるの食材のおいしさに出合えます。ピクルスやソーセージも自家製。

美ら海水族館周辺 MAP P.176 E-4
☎0980-43-7170 🏠名護市名護4607-1（アグリパーク内）🕘9:00～17:00 🔓不定休 🚗許田ICから約10㎞ Ⓟあり

Ⓑ カフェこくう

静かな山奥に佇む古民家カフェ

島野菜のマクロビ料理を提供。使用する野菜は無農薬・自然栽培のもの。豊かな自然を望むロケーションも◎！

美ら海水族館周辺 MAP P.176 D-2
☎0980-56-1321 🏠今帰仁村諸志2031-138 🕘11:30～売り切れ次第閉店 🔓日・月曜 🚗許田ICから約27㎞ Ⓟあり

Ⓒ BE NATURAL
ビーナチュラル

イタリアンの技巧が光る

知念漁港の仲買いの権利をもつシェフが、地魚を創作料理に仕立てます。野菜はもちろん、卵や牛乳も地元産を使用。

南部 MAP P.168 E-2 ☎098-947-6203
🏠南城市佐敷字佐敷138-1 🕘11:30～15:00（L.O.13:30）※要予約。ディナー営業要確認 🔓火・水曜（祝日の場合営業）🚗南風原北ICから約8㎞ Ⓟあり

Ⓓ 食堂 faidama
しょくどう ファイダマ

島野菜を多彩なアレンジ料理で

オーナー夫妻のお父様が作る野菜や、沖縄県産の肉や魚を、地元のおばぁも驚くような調理法で提供。

那覇 MAP P.181 C-4 ☎098-953-2616 🏠那覇市松尾2-12-14 🕘11:00～15:00（L.O.14:00）※売り切れ次第閉店 🔓月～水曜 🚗ゆいレール牧志駅から徒歩約10分 Ⓟなし

1 ホットドックプレート1320円。やんばる豚100％の無添加ソーセージや自家農園の紫キャベツのザワークラウト、マスタードバターやハーブまで自家製Ⓐ **3** ピクルスやスパイスなどやんばる産の特産物も販売Ⓐ **4** 今帰仁の森と東シナ海の海を見渡せる気持ちのいい場所に立つⒷ **5** 旬の沖縄野菜をふんだんに使ったこくうプレート1700円Ⓑ **2** **10** faidama定食1650円～。前菜とメイン料理がのる定食は2週間ごとに替わるⒹ **6** 八重山の言葉で「食いしん坊」という意味のお店Ⓓ **7** **8** **9** おまかせランチ2200円（食材により異なる）。前菜、パスタ、メイン、ドルチェ、ドリンクが付く。この日のメインは知念漁港直送鮮魚のソテー地元野菜添えⒸ **11** **12** 気持ちのいい空間が広がるⒸ

8

7

9

11

12

10

Best time!

13:00 今帰仁《なきじん》ブルーが待っている。居るだけで幸せ…な天然ビーチへ

「何もない」がこんなに幸せな場所

シャワーもない、ライフガードもいない、パラソルだってもちろんない。それでも、こんな青のグラデーションが待っているから、天然ビーチに出かけずにはいられません。心の奥まで沁み渡るこんな色の海を探しに出かけるなら、個人的には今帰仁(と今帰仁以北)がベスト。沖縄美ら海水族館まで車で10数分というアクセスのよさもあり、立ち寄るだけでも元気がもらえます。南部エリアで天然ビーチを探すなら、南城市の百名ビーチや新原ビーチへ。「見るだけ」のつもりでも思わず海にダイブしてしまうからこそ、ホテルへ帰る直前に立ち寄りましょう。

★★★トイレなどの設備が不十分な天然ビーチの利用は装備が肝心。サクッと泳いでサクッと撤収しましょう。

6
7
8
9
10
11
12
13
14
15
16
17
18
19
20
21
22
23
0

長浜ビーチ《ながはまビーチ》

「今帰仁ブルー」が泣けるほど美しい

白い砂浜と今帰仁ブルーのコントラストが美しい天然ビーチ。遠浅なのでシュノーケリングも楽しめます。

美ら海水族館周辺 MAP P.176 D-2
今帰仁村諸志 遊泳自由
許田ICから約25㎞ なし

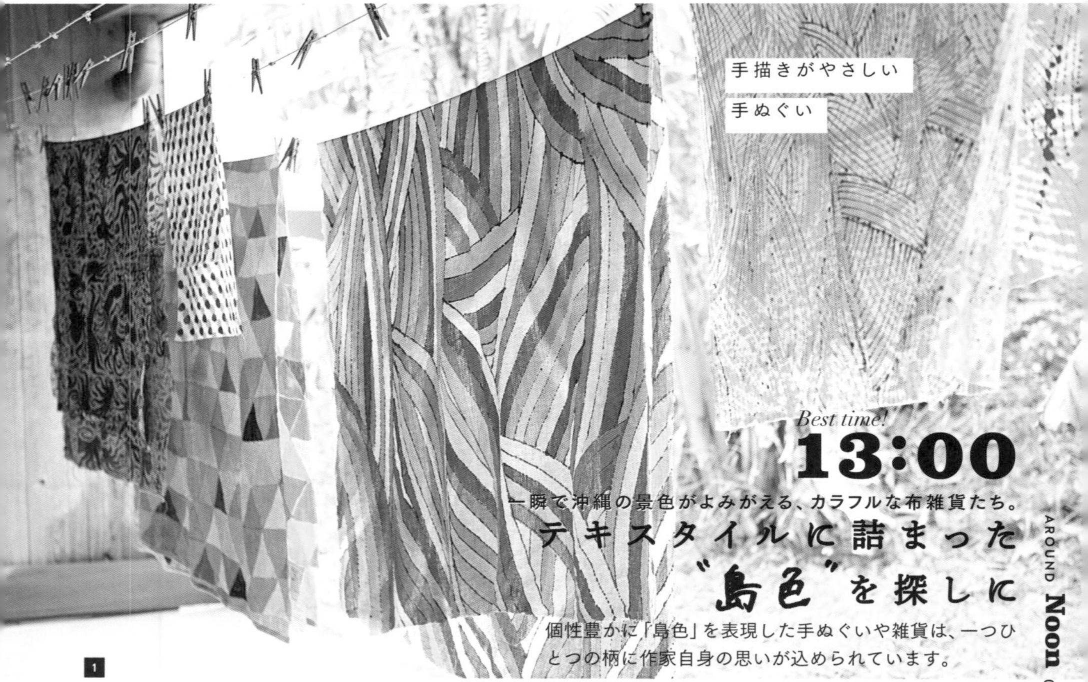

手描きがやさしい
手ぬぐい

Best time!
13:00

一瞬で沖縄の景色がよみがえる、カラフルな布雑貨たち。

テキスタイルに詰まった“島色”を探しに

個性豊かに「島色」を表現した手ぬぐいや雑貨は、一つひとつの柄に作家自身の思いが込められています。

1

5

4

3

2

Doucatty
ドゥカティ

夫婦のユニットによる工房兼ショップ

アーティスト夫婦が「どぅかてぃ」(沖縄の方言で自分勝手)にのびのびと描くのは、沖縄の自然や日々の暮らしからインスピレーションを得た世界。看板商品の手ぬぐいや大きな布は、見ているだけで思わず笑顔になります。

南部 MAP P.168 E-1 ☎098-988-0669 南城市佐敷新里740-1 9:00～16:30 日・月曜 南風原北ICから約8km Pあり

9

6

7

8

1 使い道は自由自在の「大きな布」 2 迷ってしまうほどバリエ豊富なデザイン 3 4 お店の名の通り自由気ままに、楽しみながらものづくりを続ける田原夫妻 5 訪れる時は事前に連絡を 6「おきなわすば」1760円 7「カーリー」1980円 8「ゴロゴロかぼちゃ」1870円 9 手ぬぐいの余った布で作ったバッグは、世界に一つだけ

★★★ 今回紹介した3軒はどこも作家さんの工房を兼ねているので、定休日以外もお休みになることも。事前にお店のSNSや電話で確認を。

沖縄の風景を
雑貨に詰め込んで

7

3

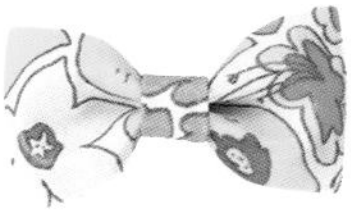
1

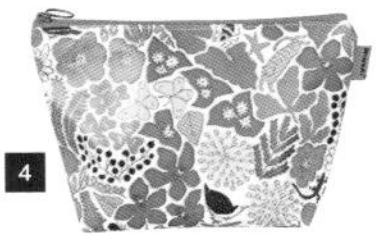
4

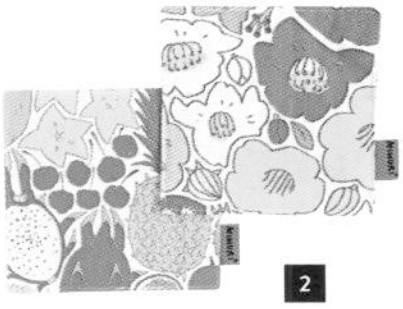
2

MIMURI《ミムリ》

小さな布雑貨に沖縄を凝縮

石垣島出身のデザイナー、MIMURIさんのアトリエ兼ショップ。「沖縄を持ち歩く」をテーマに島の植物や街、海などをパワフルに描き、そのポップで陽気なテキスタイルデザインは使う人の心もカラフルに彩ります。

那覇 MAP P.181 C-3 ☎050-1122-4516 那覇市松尾2-7-8 10:00～18:00、金・土曜は～19:00 無休(SNSにて要確認) ゆいレール牧志駅から徒歩約11分 Ⓟなし

1 ミムリボン880円 2 コースター各440円 3 ミドルリボンシュシュ 2200円 4 まちありポーチ2750円 5 6 7 MIMURIさんの身近な風景があらゆる布雑貨に詰め込まれている

6

5

虹亀商店《にじがめしょうてん》

海の世界をやさしい色合いで表現

バックパックで訪れた沖縄に一目惚れ、移住した紅型作家の亀谷明日香さん。伝統の手法を踏襲しながら、モチーフは紅型には珍しい海や森の木々など沖縄らしさを感じるものばかりです。

南部 MAP P.168 E-5 ☎090-8293-1138 南城市知念吉富335-1 11:00～17:00 木曜 南風原北ICから約16km Ⓟあり

1 古民家を移築して建てられたショップ兼工房。鮮やかながらやさしい色使いの亀谷さんの作品が並ぶ 2 全ページ紅型染めで原画を手掛けた絵本『やどかりの夢』CD付き1980円 3 トートバッグ5500円 4 和紙に紅型を染めた琉球あんどん5500円～

唯一無二の
紅型クリエイター

1

4

3

2

MY BEST

SOBA MAP
（沖縄そば編）

毎日食べても飽きない沖縄のソウルフード

カツオと豚から丁寧にとった出汁に小麦粉から作られた麺、具は三枚肉にかまぼこ、ネギとシンプルな構成だからこそ、お店ごとの個性を食べ歩く楽しさがあるというもの。いまいる場所から最も近い激ウマそばを探して。

AROUND **Noon** (11:00-14:00)

自家製麺 & カツオたっぷりスープ

E
なかむらそばの
アーサそば(中) 1000円

海が目の前という恩納の行列店。アーサ（アオサ）の磯の香りと濃厚なカツオ出汁が絶妙にコラボしたアーサそばは、手もみの自家製細麺によく絡みます。

シンプル is BEST of BEST!!

D
首里そばの
首里そば（中） 500円

本店の首里店と県庁店の2店を構える人気店。人気の秘密は、伝統製法で作られたコシのある麺にあり。売り切れ必至なので、早めの来店がおすすめ。

黒っ!! ウマっ!!

H
そば八重善の
イカスミそば 1080円

イカスミそばの元祖。細麺と太麺が交ざっていて食感の違いが楽しく、濃厚な旨みがぎゅっと詰まったスープにやみつきに。1日10食限定、ジューシーのおにぎり付き。

G
今帰仁の駅そーれの
そば定食（ジューシー） 815円

道の駅に併設された食堂。地元のお母さんたちによる本格派のそばがいただけます。定食に付くご飯は白米も選べますが、ジューシーを選ぶのが正解！

Ⓐ 沖縄そばと茶処 屋宜家
おきなわそばとちゃどころ やぎや

南部 MAP P.168 D-3 ☎098-998-2774 🏠八重瀬町大頓1172 🕘11:00～15:45 🔒火曜（祝日の場合営業） 🚗南風原南ICから約7km Ⓟあり

Ⓑ 沖縄そばの専門店
きしもと食堂
おきなわそばのせんもんてん きしもとしょくどう

→P.51

Ⓒ 沖縄そばの店 しむじょう
おきなわそばのみせ しむじょう

首里 MAP P.171 C-3 ☎098-884-1933 🏠那覇市首里末吉町2-124-1 🕘11:00～15:00（L.O.14:30）※売り切れ次第閉店 🔒火・水曜 🚗ゆいレール市立病院前駅から徒歩約6分 Ⓟあり

Ⓓ 首里そば
しゅりそば

首里 MAP P.171 C-3 ☎098-884-0556 🏠那覇市首里赤田町1-7 コンサートギャラリーしろま1F 🕘11:30～14:00（売り切れ次第閉店） 🔒日曜不定休 🚗ゆいレール首里駅から徒歩約5分 Ⓟあり

Ⓔ なかむらそば
西海岸リゾート MAP P.175 C-3 ☎098-966-8005 🏠恩納村瀬良垣1669-1 🕘10:30～16:00 🔒無休 🚗屋嘉ICから約7km Ⓟあり

Ⓕ 金月そば
きんちちそば

西海岸リゾート MAP P.173 B-2 ☎098-958-5896 🏠読谷村喜名201 🕘11:00～16:00 🔒無休 🚗石川ICから約10km Ⓟあり「喜名番所」道の駅駐車場利用可

Ⓖ 今帰仁の駅そーれ
なきじんのえきそーれ

→P.63

Ⓗ そば八重善
そばやえぜん

美ら海水族館周辺 MAP P.176 D-3 ☎0980-47-5853 🏠本部町並里342-1 🕘11:00～15:00（売り切れ次第閉店） 🔒火・水曜（祝日の場合木曜） 🚗許田ICから約20km Ⓟあり

Ⓑ 沖縄そばの専門店
きしもと食堂の
きしもとそば（大） 850円

明治38年の創業時以来続く手打ち麺は、木灰の上澄みを使った伝統製法によるもの。何度でも食べたくなる老舗の味を求めて、連日行列が絶えない。

沖縄小麦＆熊本小麦の自家製麺デス。

Ⓕ 金月そばの
沖縄そば 750円

沖縄など国産の小麦粉を使った生麺は、ラーメンにも似たコシの強さ。伝統を大切にしながらもお店独自の進化を遂げたそばは、麺や具材のもつ力強さを感じられる一品です。

アオサとり麺
スープにもアオサ

Ⓐ 沖縄そばと茶処 屋宜家の
アーサそば 900円

Wアオサ

築70年以上の琉球古民家で味わうのは看板メニューのアーサそば。麺にもアーサ（アオサ）が練り込まれ、風味のよさはバツグン！

Ⓒ 沖縄そばの店 しむじょうの
ソーキそば 900円

国の登録有形文化財指定の赤瓦の古民家で、庭を眺めながら食事が楽しめます。こだわりの細平麺に豚骨とカツオのさっぱり合わせ出汁が絡み、絶妙なおいしさ。

赤瓦屋根の古民家DEソーキそば

MY BEST

HAMBURGER MAP
(ハンバーガー編)

あふれる肉汁を大口で受け止める!

米軍関係者のアメリカ人が多いからか、あっという間に沖縄はバーガーの名店ひしめく島に。本場に引けを取らないバーガーはお店によってパテもバンズもさまざま。ゴーヤーや魚がパテになった変わりダネにもトライ!

もはや説明不要の名コンビ。

C
Zooton'sのアボカドチーズバーガー 980円

自家製にこだわるバーガーショップ。アボカドディップとチーズ、パテを挟んだバーガーは一番人気のメニュー。全てが絶妙にマッチした味わいです。

G
とらべべハンバーガーのスペシャルバーガー 1280円

毎朝焼き上げる自家製バンズに、ゴーヤーのピクルス、ソース、ベーコンまで、オールハンドメイド! 手間暇かけたプレミアムなバーガーです。

F
Captain Kangarooのスパーキーバーガー 1320円

食感とジューシーさを感じられる粗挽きパテと、それに負けないハード系バンズ、手作りのBBQソースと、全ての素材がこれ以上ないバランス! フライドオニオン、クリスピーベーコンで満足感も100点満点。

香ばしさ引き立てる燻味塩!!

F
Captain Kangarooのメキシカンタコバーガー 1210円

沖縄バーガー界を常にリードし続けるキングオブバーガーといえばこちら。燻塩のシンプルな味付けで旨みを引き立てたパテに、アボカドとサワークリームがオン!

E
HEYのトロピカルホットバーガー 1100円

HEY!と気軽に訪れたくなる名護のバーガー専門店。パイナップルの爽やかな甘みとハラペーニョの辛み、バーベキューソースなどが絶妙にマッチ!

E
HEYのHEYバーガー 1200円(ポテトセットは+300円)

「毎日食べたくなるバーガーを」という思いで作られるバーガーに県内にもファン多数。県産豚肉のパテやマヨネーズベースのHEYソース、玉子、ベーコンと、最高な組み合わせ!

Ⓐ Jef 豊見城店
ジェフ とみぐすくてん

→P.111

Ⓑ Eightman's SEABURG
エイトマンズシーバーグ

那覇 MAP P.171 B-3 ☎098-863-7744 那覇市若狭1-21-1 1F 8:00 ～ 22:00(L.O.21:30) ※バーガー提供は11:00 ～ 無休 ゆいレール旭橋駅から徒歩約16分 Ⓟなし

Ⓒ Zooton's
ズートンズ

那覇 MAP P.181 B-3 ☎098-861-0231 那覇市久茂地3-4-9 11:00 ～20:00(火・日曜、祝日は～16:00) 無休 ゆいレール県庁前駅から徒歩約5分 Ⓟなし

Ⓓ GORDIE'S
ゴーディーズ

中部 MAP P.173 A-4 ☎098-926-0234 北谷町砂辺100-530 11:00 ～ 20:00(L.O.19:30) 不定休 沖縄南ICから約6km Ⓟあり

Ⓔ HEY
ヘイ

→P.89

Ⓕ Captain Kangaroo
キャプテン カンガルー

美ら海水族館周辺 MAP P.177 C-4 ☎0980-43-7919 本部町崎本部930-1 11:00 ～17:00(売り切れ次第閉店) 不定休 許田ICから約20km Ⓟあり

Ⓖ ととらべべハンバーガー

美ら海水族館周辺 MAP P.177 C-4 ☎0980-47-5400 本部町崎本部16 11:00 ～15:00 木曜 許田ICから約21km Ⓟあり

Ⓗ BENJAMIN BURGER
ベンジャミン バーガー

美ら海水族館周辺 MAP P.176 E-3 ☎0980-52-8222 名護市済井出259-1 11:00 ～16:00(売り切れ次第閉店) 木曜 許田ICから約19km Ⓟあり

Ⓗ BENJAMIN BURGERの エッグベーコンバーガー 1200円

屋我地島に立つ海ビューのお店。チリソースからタルタルソース、バンズまで自家製にこだわり、牛バラ入りの粗挽きパテを引き立てます。一番人気のこちらにトライ。

Ⓓ GORDIE'Sの スペシャルハンバーガー 2343円

外国人住宅を改装し、本格的バーガーを提供するアメリカンスタイルのお店。つなぎなしの粗挽き牛肉パテに目玉焼き、ベーコンとボリューム満点。ポテト・ドリンク付き。

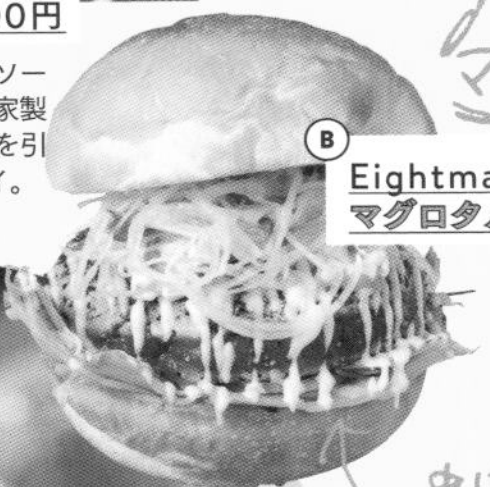

Ⓑ Eightman's SEABURGの マグロタルタルアボカドバーガー 1350円

沖縄県産の魚のおいしさを知ってほしいという思いで営むシーフードレストランが移転オープン。マグロのパテは、表面を強い火力で軽く炙った「レア」仕上げ。ブラックペッパーがアクセント。ポテト付き。

Ⓗ BENJAMIN BURGERの ブロッコリーバーガー 1200円

「ガッツリ」だけど「ヘルシー」も意識したいわがままな方にはこちら。ブロッコリーの食感と風味を生かしつつ、パテとうまくマッチしています。

Ⓑ Eightman's SEABURGの オリジナルフィッシュバーガー 1100円

沖縄近海で捕れる大型魚、メカジキ、シイラ、ソデイカを揚げた看板メニュー。自家製のサルサソースか濃厚なトマトタルタルソースを合わせていただきます。

Ⓐ Jef豊見城店の ぬーやるバーガー 450円

沖縄発バーガーショップとあって、ゴーヤーやポークが入った「ぬーやるバーガー」なるメニューが。やさしい味わいで、空港に戻る前に食べたくなる一品です。

MY BEST

SHOKUDO MAP

(食堂編)

安くておいしい。沖縄の全てが詰まった場所

うちなんちゅにとってなくてはならない存在で、沖縄の食の全てが詰まっているのが食堂。沖縄独特の野草を使いあんまーが手塩にかけて作る、まさにぬちぐすい(命の薬)といえる料理も、ぜひ食べてほしい逸品です。

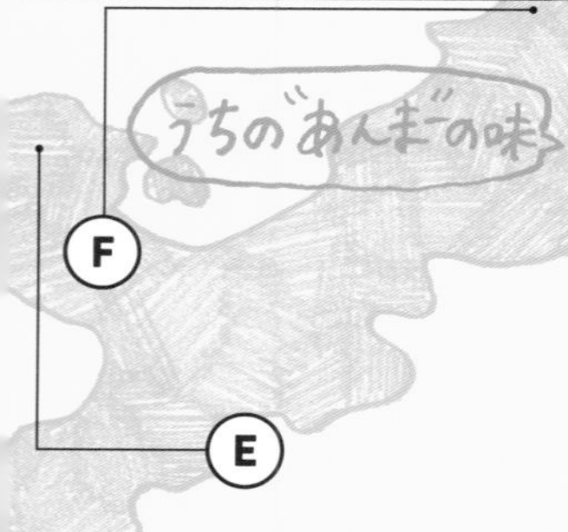

E

今帰仁の駅そーれの日替わり定食

道の駅とは異なり、地元のあんまーたちだけで経営する今帰仁の立ち寄りスポット。どれもしみじみおいしいが、日替わりの定食に付くジューシーは出色のでき！

D

紀乃川食堂のタマンのマース煮定食1200円～(時価)

本部の小さな集落にありながら国内外から客が訪れます。地元漁港で揚がる魚料理のほか、注文必須なのは手作りのジーマミー豆腐370円。私の知る限りNo.1のおいしさです。

F

笑味の店のまかちぃくみそぅれ(おまかせ)ランチ 2100円

地野菜・薬草を使った家庭料理を味わえるやんばるの食堂。四季折々の野菜を使った料理が16品目のるランチは必食です。

このジーマミー絶対食べるべし!!

トンカツもおいしいのよ

味、しみてます…
那覇ド真ん中でべんりさー

B
花笠食堂の
花笠定食 950円

牧志公設市場近くの超有名店。てびちと厚揚げ、野菜を煮付けた看板定食。ご飯は白米、赤飯、玄米の3種類、汁物は中味、イナムルチなど5種類から選べます。

A
みかどの
フーチャンプルー定食
750円

地元民御用達の定食店の人気メニューは、鮮度のいい豆を仕入れて作るゆし豆腐。お麩と野菜の炒め物に、ご飯と味噌汁がセットになった定食も外せない！

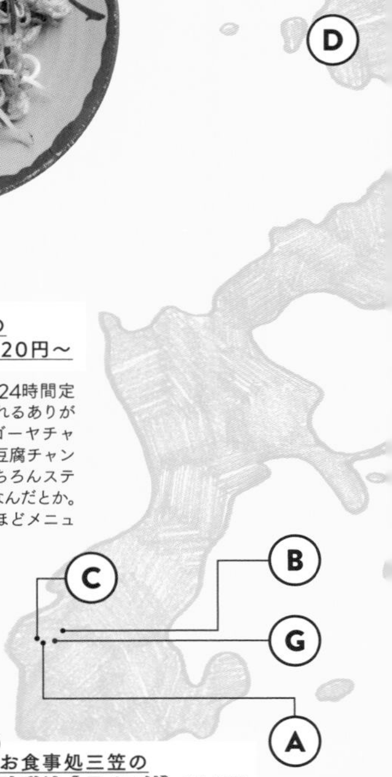
A
B
C
D
G

G
いちぎん食堂の
ちゃんぷるー 720円～

那覇市内で24時間定食が食べられるありがたい存在。ゴーヤチャンプルーや豆腐チャンプルーはもちろんステーキも人気なんだとか。目移りするほどメニューが豊富！

C
お食事処三笠の
味噌汁（ライス付） 650円

地元で50年以上愛され続ける定食店。沖縄の味噌汁は内地のそれとは大違い。丼サイズで、定番の豆腐とワカメにポークやレタスなど具だくさん！

A みかど

那覇 MAP P.181 A-2 ☎098-868-7082 那覇市松山1-3-18 10:00～21:30（L.O.21:00） 第3日曜 ゆいレール県庁前駅から徒歩約5分 Ⓟなし

B 花笠食堂
はながさしょくどう

那覇 MAP P.180 D-3 ☎098-866-6085 那覇市牧志3-2-48 11:00～14:00、18:00～19:00 無休 ゆいレール牧志駅から徒歩約7分 Ⓟなし

C お食事処 三笠
おしょくじどころ みかさ

→P.154

D 紀乃川食堂
きのかわしょくどう

美ら海水族館周辺 MAP P.177 C-3 ☎0980-47-5230 本部町健堅603 11:00～18:30 日曜 許田ICから約23㎞ Ⓟあり

E 今帰仁の駅そーれ
なきじんのえきそーれ

美ら海水族館周辺 MAP P.176 E-3 ☎0980-56-4940 今帰仁村玉城157 9:00～17:00 月曜 許田ICから約19km Ⓟあり

F 笑味の店
えみのみせ

やんばる MAP P.178 D-3 ☎0980-44-3220 大宜味村大兼久61 9:00～16:00（L.O.15:00、食事は11:30～） 火～木曜 許田ICから約30㎞ Ⓟあり

G いちぎん食堂
いちぎんしょくどう

那覇 MAP P.181 B-2 ☎098-868-1558 那覇市久茂地2-12-3 24時間 無休 ゆいレール美栄橋駅、県庁前駅から徒歩約10分 Ⓟなし

うちなーTips&Memo

沖縄の食文化をガッツリ体験するなら、ランチが勝負。
リピーターなら個性的な遊びをするのも◎。

Go To the Local Market

うちなーの台所で「持ち上げ」にTRY

市場をフルで楽しむなら、「買う」だけじゃもったいない！ 2階に「持ち上げ」して即いただきます。

もともと戦後の闇市から始まったという沖縄県民の台所。1階には肉や魚など、沖縄の食文化を濃厚に感じられるディープな店が並びます。2023年には新装オープンし、ますます目が離せません。

第一牧志公設市場

だいいちまきしこうせついちば

那覇 MAP P.180 D-3
☎098-867-6560 🏠那覇市松尾2-10-1 🕘8:00 ～ 21:00（店舗により異なる）、食堂は～20:00 🔒第4日曜 🚗ゆいレール牧志駅から徒歩約10分 Ⓟなし

1F まずは沖縄の地魚を選びます。

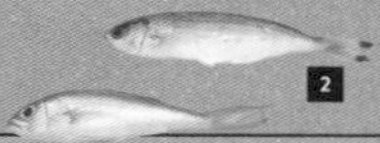

俺ら、捕れたて
ピッチピチ

1 極彩色の魚たち。今日のおすすめを聞いてみよう 2 沖縄三大高級魚のグルクン、アカマチ

2F お好みに合わせて調理してもらいます。

食材を買ったら2階へ。買った食材は、店員が食堂スタッフへ引き渡してくれます。店に入ったら希望の調理法を伝えて。

きらく

☎098-868-8564

調理法によって金額が異なるので、各店に確認を。持ち上げは、精肉・鮮魚ともに一部の食材に限られる

⚠ CAUTION!

☑ **沖縄の日差し、あなどるべからず**

ピーカンの沖縄の日差しは強烈で、北海道の約2倍！ 日焼け止めを塗っていても一日ビーチにいたらやけど寸前…なんてこともしばしばなので、ラッシュガードを着るなど、対策は万全に。

☑ **沖縄の「不定休」は本当に不定**

個人経営のお店は特に、「不定休」となっている場合、営業日が本当に不定です。わざわざ行ったのに開いていなくて大ショック！とならないよう、事前に店のSNSをチェックしたり、電話をするのがベターです。

那覇ど真ん中で、琉球グラス作り

現存する中で沖縄最古というガラス工房が国際通り沿いにあり、世界に一つだけのガラス製品が作れます。個人的には奥原硝子特有の「ライトラムネ」カラーが大のお気に入り。

制作体験は
15分程度です

奥原硝子製造所

おくはらがらすせいぞうじょ

那覇 MAP P.180 D-2 ☎なし 🏠那覇市牧志3-2-10 てんぶす那覇2F 🕘10:00～19:00（体験は10:00～16:40） 🔒水曜 ¥制作体験3240円 URL kogeikan.jpにて申し込み 🚗ゆいレール牧志駅から徒歩約5分 Ⓟあり（有料）

1 作品は同施設内の工芸館で購入可能。ワイングラス3520円 2 寸胴コップ2090円 3 グラス1870円

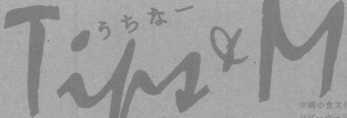

欲張り乙女に捧げる。

沖縄 かいもの アドレス

OKINAWA SHOPPING ADDRESS

欲張り乙女にはこの2軒。

カフェと買い物と私

大好きな雑貨屋さんの世界観に浸りながら、甘いスイーツを食べたい…。乙女の夢を叶えましょう。

Cafe

リノベ古民家の空間で、県産野菜のサンドや素朴な焼きドーナツなど召し上がれ。

3

4

1ブローチ750円、キーホルダー650円 2ポストカード各190円 3県産野菜のサンドイッチプレート1200円 4しまドーナッツのドーナツ１個200円～

CALiN カフェ ＋ ザッカ

カラン カフェ プラス ザッカ

地元作家の雑貨、時々ドーナッツ

屋我地島の古民家をリノベした鮮やかなブルーが目を引くカフェ＆ショップ。オーナーの山本さんの雑貨好きが高じて始まったお店というだけあって、地元作家の雑貨が並ぶ店の世界観は何時間でも居られるほど素敵。

美ら海水族館周辺　MAP P.176 E-3 ☎0980-52-8200 名護市運天原522 11:00 ～ 16:30 月曜 許田ICから約20km Ⓟあり

Shop

小物から食器まで、お店の世界観にしっくりハマる作家ものアイテムが並びます。

2

1

OPEN
ピーコックブルーのお店に
オーナーの「好き」を詰め込んで

2

3

人が自然と集いたくなるこの空間こそ「沖縄らしさ」

1

1建築の勉強をしていたオーナーが自ら設計に関わったショップ。センスの塊！2 3沖縄でなかなか見ない雑貨をセレクト

märch
マーチ

人が集うライフスタイルショップ

沖縄にない素敵なものを紹介するショップ。洗練された２棟の一つは雑貨ショップ&カフェ。もう一つはアパレルとイベントスペースとなっています。

那覇　MAP P.171 B-3 ☎なし 那覇市安里82-1 11:00～19:00 水曜 ゆいレール牧志駅から徒歩約8分 Pあり

1 Echos Design カード各275円
2 バスソルトが７種入ったBOX1600円
3 オリジナルメッセージカード605円
4 車用のオリジナルステッカー 500円
5 Coral&tuskの刺繍ブローチ各4070円

Shop

オーナーの「県外の洗練されたデザインの雑貨やステーショナリーを沖縄に紹介したい」という思いでセレクトされたアイテムが並びます。

2

1

3

5

4

Cafe

パスタなどのフードメニューのほか、自家製スイーツも味わえます。

1

2

1落ち着いた一人のカフェ時間が過ごせるインテリア 2いちごのレアチーズケーキ530円と本日のコーヒー 400円

Event Space

ほぼ週替わりで多ジャンルのポップアップを開催。土地の垣根を超えた出合いが生まれます。

なぜ沖縄の作家さんは、こんなにときめかせてくれるのか。

眼福の作家ものの器たち

やちむん文化はこれまでの定義に収まらないほど多様性に富んでいます。作家さんの個性、大爆発中！

一翠窯《いっすいがま》

沖縄の土が鮮やかな器に変身

高畑伸也さんが作るのは北欧要素を感じるモダンな器。和洋どちらの料理にも合うのです。

西海岸リゾート　MAP P.173 A-1 ☎098-958-0739 読谷村長浜18 9:00～18:00 無休 石川ICから約10km Ⓟあり

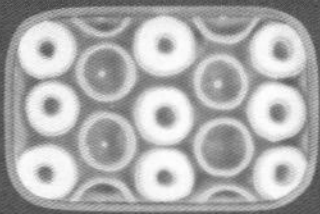

取り皿、菓子皿と使い勝手がいい角皿。やちむんらしい風合いがありながら、モダンな印象。各2300円。鮮やかな格子柄の長皿3520円

北欧テイストで
食卓が一気に映え空間に

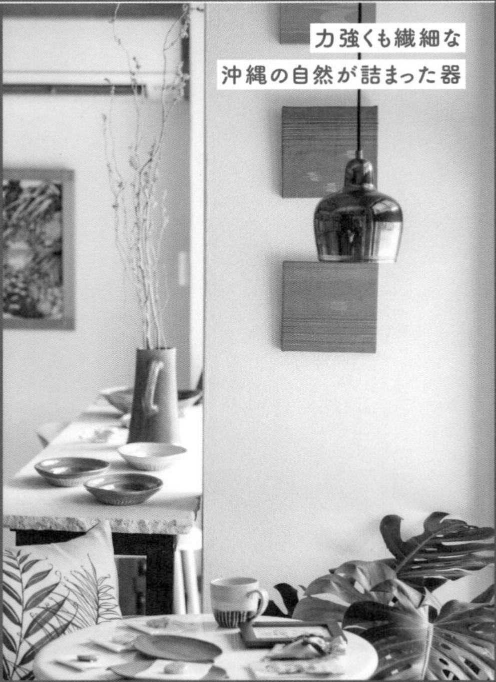

力強くも繊細な
沖縄の自然が詰まった器

金城有美子《きんじょうゆみこ》

沖縄の海や空を思わせる器たち

沖縄の自然を鮮やかな器で表現。ザラッとした質感も◎。

サンゴブルーの色が鮮やかなカップ3520円～

ここで買えます

tituti OKINAWAN CRAFT《ティトゥティ オキナワン クラフト》

那覇　MAP P.180 D-4 ☎098-862-8184 那覇市牧志3-6-37 9:30～17:30 火曜 ゆいレール牧志駅から徒歩約9分 Ⓟなし

目が合ったら買わずにいられぬ
ぶっちぎりの愛らしさ

凸凸製作所《とつとつせいさくしょ》

思わず笑みがこぼれるデザイン

キュートな鳥などが描かれた器は、ユニークながら気負わず普段使いできます。

ここで買えます

Proots →P.84

（上から）表情が一つ一つ違う箸置き各700円。小さめサイズのマグカップ。スタイリッシュながらもやわらかさがある。2484円。ぽってりした鳥がキュート3024円

平と米の制作所＝平米《へいとべいのせいさくじょ へいべい》

長く使い続けたい木の器

温もり感じる木の器が、平米の２人の作家によって洗練された個性をまといます。美しいのに機能的！

ここで買えます

Proots →P.84
CALiN カフェ＋ザッカ →P.66
島の装い。STORE →P.79

県産木を使った皿2750円（15㎝）、1430円（9㎝）。ペインターズシリーズ

手になじみ、生活に寄り添う…
個性際立つ木の器

暮らしに彩りを添える
独創的な世界観の器たち

オーバル皿5000円～。「 夢の中」シリーズのカフェオレボウル3500円～。紅型作家が起こした紋様が浮かび上がる「紅型陶器」シリーズ。平皿5000円～

atelier+shop COCOCO《アトリエ プラス ショップ ココココ》

広い芝生に立つアトリエ

紅型の柄が描かれた紅型陶器は、ヨコイマサシさんによる唯一無二の世界観。

南部　MAP P.168 D-3 ☎090-8298-4901
南城市玉城富山124 11:00 ～ 17:00 不定休 南風原南ICから約7km Ⓟあり

やちむんの懐深き世界へようこそ。

やちむん、見る、買う、食べる

「芸術陶芸」ではなく、日常に寄り添うやちむん。素朴な風合いで手に取った時のなじみ方が素晴らしいのです。

やちむんを 買う

6 5 4 3 2 1

1 コーヒーカップセット3300円 2 宮城正享氏の5寸マカイ各1980円 3 沖縄の酒瓶、ラカラ2420円 4 香合2200円 5 6寸皿(18cm)2200円 6 8寸皿4180円

私的スタンダードは いつの時代も**北窯**なんです

松田米司氏、松田共司氏、宮城正享氏、與那原正守氏の作品が並ぶ売店。13連の登り窯で窯焚きされ、一つ一つ表情が違う器が焼き上がります。

読谷山焼北窯売店
よみたんざんやき　きたがまばいてん

西海岸リゾート　MAP P.173 B-2 ☎098-958-6488 読谷村座喜味2653-1 9:30～13:00、14:00～17:30 不定休 石川ICから約11km Ⓟあり

WHAT'Sやちむん？

沖縄の方言で「焼き物」を意味する。1974年に故・金城次郎氏が壺屋から読谷村に窯を移し、「やちむんの里」は始まりました。

やちむんで食べる

松田米司氏の器でいただく toucafe and galleryがベスト

やちむんの里に工房を構える松田米司さんの器で料理を提供し、さらに松田さんの作品を展示するギャラリーも併設。美術館のような空間で穏やかなひと時を過ごせば、帰る時にはちょっぴり心豊かになっているはずです。

tou cafe and gallery
トウ カフェアンド ギャラリー

西海岸リゾート MAP P.173 B-2 ☎098-953-0925 読谷村伊良皆578 11:00～16:00 日・月曜(臨時休業あり) 石川ICから約13km Ⓟあり

スパイスカレー1500円(写真はイメージ)。美術館のような佇まいのお店

やちむんの里でランチなら Clay Coffee＆Gallery

やちむんの里内にオープンした陶芸家・松田共司氏のギャラリー兼カフェ。松田共司さんの器に盛るのは、息子さんのこだわりの料理やコーヒー。どんな料理も器がより魅力的に見せます。

Clay Coffee & Gallery
クレイコーヒー アンド ギャラリー

西海岸リゾート MAP P.173 B-2 ☎なし 読谷村座喜味2648-7 11:00～17:30 木・日曜 石川ICから約11km Ⓟあり

ビーフカレー1500円。ギャラリーのやちむんは購入も可能

1 マカイ1320円～ 2 大人シックな絵付けで、どんな料理にも合いそうな7寸皿各3850円

作陶現場を訪ねて やんばるの田村窯へ

北窯で修業した田村さん夫妻の工房。素朴で力強いやちむんは、お二人の人柄が表れているよう。

田村窯
たむらがま

やんばる MAP P.179 C-4 ☎0980-44-1908 大宜味村津波57-2 10:00～18:00(12:00～13:00は昼休み) 不定休 許田ICから約24km Ⓟあり

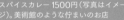

キーワードは「一期一会」！ 見つけたら即買いの

自分用みやげを大人買い！

沖縄の魅力が詰め込まれた雑貨は、自分用のおみやげに。大人買いしたくなるかわいさです。

意外と万能使いの布モノ雑貨

10

11

9

8

13

14

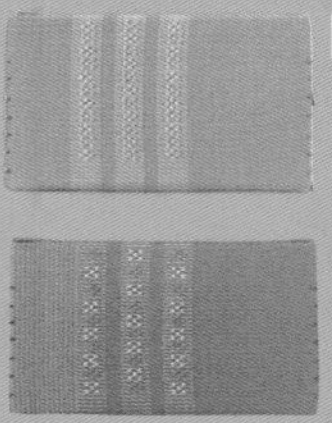

12

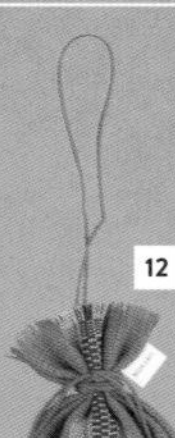

15

16

8 9 Doucatty（→P.56）の手ぬぐい（黄色）1870円、（紫）2090円Ⓔ 10 11 へんな優さんによるコースター各550円Ⓓ 12 しよんのマース袋Ⓑ 13 14 海のようなブルーと、鮮やかな赤色のグーシ花織名刺入れ各3630円Ⓑ 15 コースター各770円Ⓑ 16 ユニオン監修のトートバッグ998円Ⓖ

紙雑貨は沖縄モチーフ狙い

4

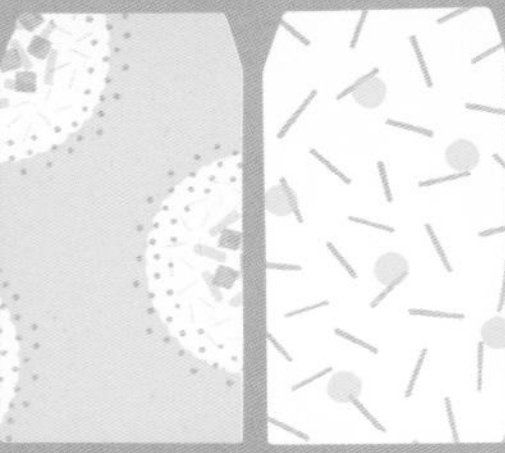

1

2

5

3

6

7

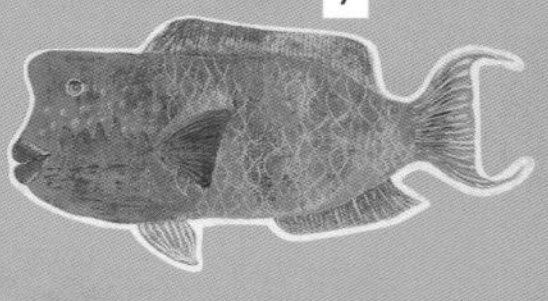

1 2 福木カフェ・商店、島の見本帳のレターセット各715円Ⓓ 3 島しまかいしゃのポストカード各200円Ⓒ 4 へんな優のポチ袋各330円Ⓓ 5 ダンボールをリメイクしたrubodanのノートは沖縄らしさを感じる。880円～Ⓐ 6 7 作家MEGU WAZOUSKIさんの魚の形のポストカード各480円Ⓕ

19

18

17

置物系雑貨はキャラ勝負

21

20

23

22

17 18 19にゃん山さんによる張り子。獅子舞2310円、ピージャー 660円、ミルク様・大1870円、玉持ちシーサー（対）2640円Ⓓ 20 21 22木っ端とプルタブで作られたブローチ750円やキーホルダー 650円Ⓗ 23石敢當の"石"がROCK！ 洒落が効いたアイテム990円Ⓓ

Ⓐ D&DEPARTMENT OKINAWA by PLAZA3
ディ アンド デパートメント オキナワ バイ プラザスリー

沖縄らしさを感じる展示企画も

土地に根づいたロングライフデザインアイテムを紹介。地域コミュニティと連動した勉強会やワークショップも。

中部 MAP P.173 B-4 ☎098-894-2112 沖縄市久保田3-1-12 プラザハウスショッピングセンター 2F 11:00 ～ 19:00 火曜 沖縄南ICから約3km Ⓟあり

Ⓑ 機織工房しよん
はたおりこうぼうしよん

手染め・手織りの風合いが美しい

沖縄古民家の工房で沖縄伝統の手織りをアレンジした作品を制作・販売。全て手作りの一点もの！

南部 MAP P.169 C-4 ☎098-996-1770 八重瀬町仲座72 9:00 ～ 17:00 木曜 南風原南ICから約9km Ⓟあり

Ⓒ 島しまかいしゃ →P.21

Ⓓ 島の装い。STORE →P.79

Ⓔ 樂園百貨店 →P.78

Ⓕ GOZZA →P.119

Ⓖ フレッシュプラザユニオン 前島店 →P.138

Ⓗ CALiN カフェ + ザッカ →P.66

Ⓘ MILL by TIMELESS →P.109

自然の力に感謝!の癒し系雑貨

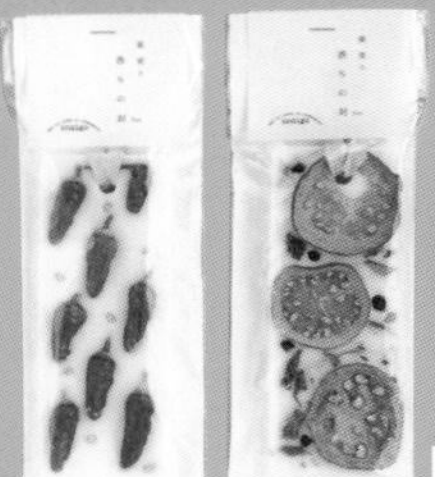

25

24

26

24カカオバターの甘い香りのカカオバターボディ&ハンドクリーム。Churabiとのコラボ。各3080円Ⓘ 25香りの封fooのソイワックスアロマバー各2420円Ⓓ 26石垣島の「SUNNYTIME」のアロマミスト1650円。（紫）石垣島月桃にラベンダーなどをブレンド（緑）殺菌効果がある月桃の香りⒹ

農産物直売所というか、もはやエンタメスポット。

ハッピーモア市場、全部見せ

島野菜が元気に並んでいるのを見ると、無条件でワクワク。最終日に立ち寄り、買い込むのがマイルーティン!

1

2

3

1 2 小規模農家からの仕入れも多いため、農薬不使用野菜も驚く価格で並ぶ **3** 値札のシールの色で、農薬や化学肥料の使用量が一目瞭然

1 最終日なら島野菜をGET

農家さんが納品に訪れるバックヤードが店内から見える“スケルトン”な造り。生産者の顔が見え、消費者とつながれる素敵な仕掛けです。

旬の野菜を取り扱うためラインナップは季節ごとに変わる

ハッピーモア市場 トロピカル店

ハッピーモアいちばトロピカルてん

洗練された「昔ながらの八百屋さん」

農薬不使用や減農薬の県産野菜の生き生きしたディスプレイが最大の魅力! 薬草や島野菜はどう食べるのがおいしいか、スタッフに聞いてみるのもおすすめです。

中部 MAP P.173 A-5 ☎098-988-9785 宜野湾市大山7-1350-81(ぎのわんゆいマルシェ内) 10:00～18:00 最終月曜(変動あり) 北中城ICから約7km Ⓟあり

2 Happy more市場ならではの沖縄セレクションは必見

メイドイン沖縄の加工品も、独自の基準をクリアしたこだわりのものが大集合。添加物に極力頼らず、何より「おいしい」かどうかが重要なポイントです。

1 金ちゃんちのアオサ550円 2 あんだんすー 559円 3 青しそ油みそ島辛味464円 4 宮古島のソウルフード、鰹ちゅう汁550円 5 おかわかめの粉末が入った塩410円 6 新月と満月の満潮時の海水で作った伊江島の塩1080円

3 おいしいだけじゃない。体にもやさしいお惣菜探し

壁に「愛菜家」とネオンが掲げられた惣菜コーナー。お弁当も体にやさしいものばかりです。

1 さつまいもケーキ378円。季節によって内容が変わる 2 人気No.1の完熟バナナケーキ324円

5 最後におなじみのスムージーをGET

野菜の新たな魅力を発見。自家製フルーツ酵素入りのスムージーで野菜の栄養をダイレクト摂取！

小松菜や果物が入った野菜スムージー 450円、マンゴーラッシー550円、色々な果物で爽やかに仕上げたビーツスムージー 550円（全てMサイズ）

4 ポップアップ&イベントスケジュールをチェック

HPやSNSでスケジュールをチェック！

個人的に楽しみにしているのが毎日開催されるイベント！ なかでも毎月数回販売があるレモンアンダギーは出合えたらラッキー！ 激うまです。

狙ったアイテムを一本釣り!

リピ買い必至の指名買いフード

ジャンルも店もバラバラ。だけど推したい逸品がある。個人的指名買いリスト、大公開。

ご飯が進みすぎて有罪級。命豚ふぁーむの油みそ

県産の豚肉と黒糖がベースの味噌はショウガが効いてとにかく箸が止まらない。パンにのせたり野菜スティックにつけても美味。518円 Ⓓ

ハイカロリー＝絶対ウマいの方程式。石垣フードラボの石垣島牛マヨ

石垣牛100％で牛肉の旨みと牛骨エキス、マヨネーズが三位一体。罪作りなほどコクがあるディップはバゲットにモリッとのせてどうぞ! 1080円 Ⓔ

洗練されたエチケットに誘われて…LIQUIDのオリジナルジン

O LEMON GIN 3rd Batch。石川酒造場の泡盛をベースに、県産レモンの爽快な香りが移ろいます。6600円 Ⓑ

世界に通じる豚の旨みに惚れ惚れ。TESIOのソーセージあれこれ

県産豚肉のソーセージやハムは、コーレーグースや大宜味シトラスなど個性的なものも多く、全制覇したくなるおいしさ＆面白さ。LIQUID店内のTESIO2×でも購入可能です。Ⓐ

肉＆魚につけて焼くだけ! FLEX BAR&GRILLのジャークシーズニング

刺激的な辛さと爽やかな香りのスコッチボネットが効いている！驚くほど本格派の味です。770円 Ⓒ

パケ買いして、味で納得。クリフビールのクラフトビール

自由な発想で沖縄の果物やスパイスなどを取り入れるのが得意技。カラキを使ったドージーコヨーテと野草を使ったムイヌグスージ。各880円 Ⓑ

野菜を知り尽くした Cookhal のピクルス

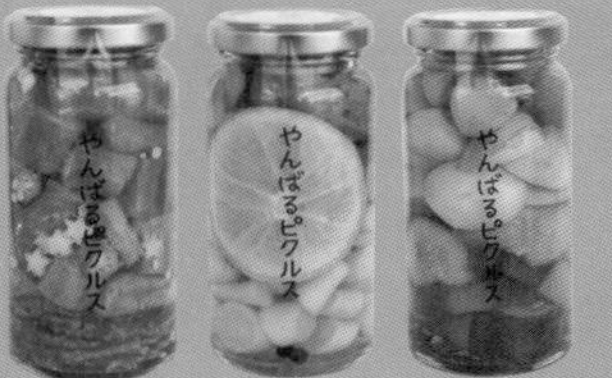

やんばるの豊かな風土で育った珍しい野菜を使ったやんばるピクルス。野菜そのものの力強さを感じられるうえに萌え断。各648円 Ⓖ

柚子胡椒ならぬ 特産離島便 のシークヮーサーこしょうと紅芋ジャム

爽やかな香りがクセになるシークヮーサーこしょう880円は刺身につけて。伊江島産の紅芋ジャムはパンケーキにオン。750円 Ⓔ

我が家の常備品 玉那覇味噌醤油 の味噌

琉球王朝末期創業の老舗の味。我が家がお世話になっている、リアル常備品です。香り豊かでさっぱりした味わい。593円 Ⓓ

ソーダで割ってみ? 勝山シークヮーサー の青切りシークヮーサー果汁

爽やかな香りと酸味で、ソーダで割っても料理にかけても使えて健康にもいいという超万能品。1296円 Ⓔ

カカオってこんな個性的なの!? TIMELESS CHOCOLATE のタブレット

沖縄県産ザラメと異なる国のカカオが奇跡の出合い。バナナのような風味のガーナや、木苺のような果実味のベトナムなどまったく異なる個性を炸裂させています。各950円 Ⓗ

abondance のクリームチーズ

IROCAKESが手掛ける、生カシューナッツを発酵させた植物性のチーズ。ハーブも加わり奥深い味わい。800円 Ⓕ

「爽やか」と「濃厚」が奇跡の出合い。 Atelier cafe bar 誠平 の リリコイバター

本部町産無農薬パッションフルーツ果汁の爽やかな酸味はそのままに、ミルキーさが加わって、もう最強。1296円 Ⓘ

沖縄てんぷらを家で再現! 浜口水産 の天ぷら粉

沖縄定番おやつの天ぷらを家で再現! 外はカリッと香ばしく、中は厚くてふわふわもっちりジューシー。216円 Ⓓ

Ⓒ FLEX BAR & GRILL →P.47
Ⓓ ハッピーモア市場 トロピカル店 →P.74
Ⓔ 樂園百貨店 →P.78
Ⓕ raw sweets cafe abondance →P.109
Ⓖ Cookhal →P.53
Ⓗ TIMELESS CHOCOLATE -HARBOR VIEW- →P.113
Ⓘ Proots →P.84

Ⓑ LIQUID THE STORE
リキッド ザ ストア

“飲む”行為にフォーカスした共同売店

ナチュラルワインやクラフトジンなどのお酒から、飲むための道具まで揃います。立ち飲みスペースもあり、昼のサク飲みも叶います。

那覇 MAP P.180 D-5 ☎098-988-3607 🏠那覇市壺屋1-1-21 ⏲13:00～20:00 🔒火～木曜 🚗ゆいレール牧志駅から徒歩約11分 Ⓟなし

Ⓐ TESIO
テシオ

国際コンテスト受賞のお墨付き

県産素材中心のハムやソーセージを毎日手作りするコザの名店。本場ドイツの品評会で金賞を受賞した味を試してみて。

中部 MAP P.173 B-4 ☎098-953-1131 🏠沖縄市中央1-10-3 ⏲11:00～18:00 🔒月曜 🚗沖縄南ICから約2km Ⓟ沖縄市中央公共駐車場(無料)

「時間がないけど、こだわりも捨てられない」の最適解。

センスよしな一軒で爆買い

オシャなおみやげを探したいけど、セレクトショップをめぐる時間がない…。そんな時の切り札的なお店です。

7

5

6

5 6 ポップアップイベントも多いのでSNSをチェック 7 県内の食品・コスメ・ライフスタイル雑貨が勢揃い

Craft

1

2

3

4

1 愛らしい琉球かふう人形。お守りのマース入り各2970円 2 3 Doucattyの手ぬぐい(黄)1870円、(紫)2090円 4 MIMURIのティッシュケース各880円

Food

「ワンランク上」の
ちょっとしたご褒美を買いに

11

9

8

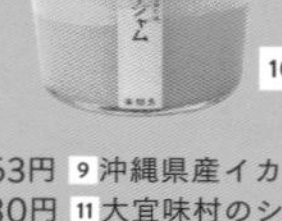

10

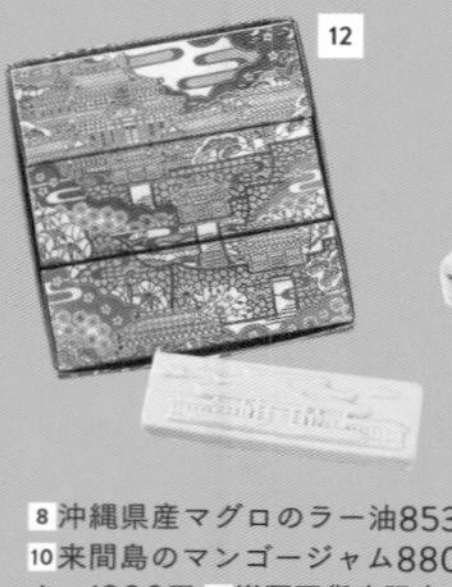

12

8 沖縄県産マグロのラー油853円 9 沖縄県産イカのマリネ853円 10 来間島のマンゴージャム880円 11 大宜味村のシークヮーサーバター1200円 12 樂園百貨店限定の首里城最中(3本入)1400円

樂園百貨店《らくえんひゃっかてん》

那覇中心地のおみやげ探し、ここが駆け込み寺

デパートリウボウによるライフスタイルブランド。普段なかなか出合えない小規模な作り手の食品やこだわりが詰まったクラフトアイテムなど、県内の「いいモノ」を広々とした店内で展開。国際通り周辺で「ベタではないセンスのいいギフト」探しは至難の業でしたが、このお店一軒で一発解決です。

那覇 MAP P.181 A-4 ☎098-867-1171(代表) 那覇市久茂地1-1-1 デパートリウボウ 2F 10:00～20:30 無休 ゆいレール県庁前駅から徒歩約2分 Ⓟあり(有料)

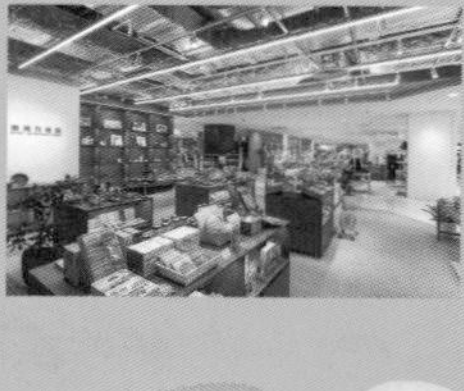

6

5

4

3

2

1

Food

1 フラワーブレンドティー4種832円 2 3「ネクストステージ沖縄」のピーナッツペースト各1080円 4 沖縄素材の島ハリッサ560円 5 6 Shiraho家cafeの島ソルト各種594円

8

9

7

7 金・土曜限定でシュークリームの販売もある 8 9 空港近くなので、帰る前に立ち寄るのもいい

15

14

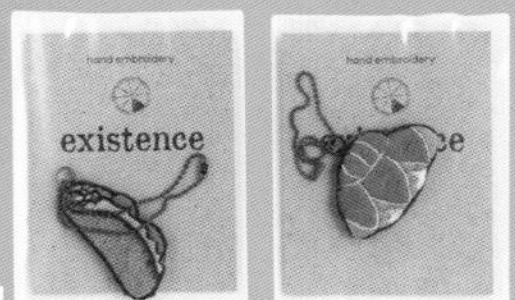

10

島の装い。STORE

しまのよそおいストア

つくり手の顔が見える雑貨とフードが集まる場所

はじまりは沖縄のものづくりの魅力を伝えるイベント、「島の装い。展」。暮らしの中で「沖縄のものづくり」に触れてもらいたいという思いで、実店舗をオープンしました。つくり手をショップに招いたワークショップやトークショーも開催されるので、「沖縄の手仕事」をより身近に感じられるはずです。

南部 MAP P.169 B-2 ☎098-987-1593 🏠豊見城市豊崎1-329 🕘10:30～18:30 🔒火～水曜 🚘豊見城・名嘉地ICから約4km Ⓟあり

Craft

暮らしを豊かにしてくれる
「沖縄のものづくり」を伝える

13

12

11

10 手刺繍existence -hand embroidery-のキーホルダー各2750円 11 福木カフェ・商店の島の見本帳レターセット715円 12 イチグスクモードの手ぬぐい1980円 13 ポチ袋各330円（にんじんシリシリ、タコライス） 14 にゃん山の張り子。ミルク様（大）1870円 15 玉持ちシーサー（対）2640円

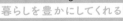

トレジャーハント気分でレアものを探せ！

58号線沿いでお宝発掘

宜野湾市大山周辺はアンティークショップが林立。ただ通り過ぎるだけじゃもったいない！

1

5

6

4

2

3

1 60年代の「タコタイム」3万3000円 2 キンバリーボウル3300円 3 PYREXのキャセロール各3300円 4 ロゴ看板も 5 米国で直接買い付け 6 レアなシリーズも（全てⒶ）

3

4

1 2 インテリア雑貨から大型家具までなんでも揃う 3 ファイヤーキングのほか、ミッドセンチュリー系の雑貨も 4 1950～60年代の雑貨が多い（全てⒷ）

2

1

Ⓑ PEARL.

パール

女子好みのアンティーク雑貨ならココ！

アメリカで買い付けた家具、照明、雑貨などを販売。店内にセンスよく配されているので、購入後のインテリアのイメージが湧きやすいのもポイント。

中部 MAP P.173 A-5 ☎098-890-7551 宜野湾市大山4-2-6
12:00～18:00 無休 西原ICから約7km Ⓟなし

Ⓐ CHICAGO ANTIQUES on ROUTE58

シカゴアンティークス オン ルートごじゅうはち

レアものアンティークがザクザク

ファイヤーキングのターコイズブルーやディズニーシリーズの品揃えがピカイチ。アメリカから直輸入するから、価格も抑えめです。

中部 MAP P.170 D-1 ☎098-898-8100 宜野湾市真志喜1-1-1
11:00～18:00 日曜 西原ICから約5km Ⓟあり

SHOPPING TIPS

個性派作家から目が離せない！

沖縄在住作家ののびのびとした作品は、見ているだけで心躍ります。SNSで作品をチェックしてみて。

MEGU WAZOUSKI

独創的な色合いと真っ直ぐな感性で生命力を描く作家。自分から湧き上がるものに没頭して、力強い色や形を生み出します。「自分にしか描けない絵が、誰かの心を動かせたら幸せ」とMEGUさん。本書表紙もMEGUさんによる作品。

@megu_wazouski_art

others

「流行りでも無い、王道でもない、その他の物」をブランドコンセプトに、独創的なアイテムを制作するほか、イラストも描きます。カラフルな世界観が日々を彩り、心にふわりと寄り添ってくれます。

@others_okinawa

刺し屋 シュガーアリス

「好きなモノを着る」をテーマに手刺繍＆ハンドペイントする作家。モチーフは犬と猫、甘いモノ、インパクトある人が多め。身に着けるだけで気分が上がります。

@sugararisu

| CAUTION！ |

買いすぎ注意…
ビンものみやげの罠

保存がきくうえ、おみやげにも重宝しますが、あっという間に重量オーバー。買う量に気をつけて。

スーパーみやげの発送は
サンエー 那覇メインプレイス

梱包コーナーには梱包材があり、サンエーで1080円以上（10kg未満）購入すると特別価格で発送可能。

あれもこれも諦めない！ 最終日のTO DOリスト

① ベーカリーで焼きたてGET →P.42

沖縄のベーカリーはとにかくハイレベル。最終日に立ち寄り、帰宅後すぐ上手に冷凍保存。しばらく余韻を楽しみます。

② 鮮度が命！沖縄の旬野菜＆フルーツ →P.74

春はパッションフルーツ、夏はマンゴーと、季節ごとのフルーツをGET。珍しい島野菜に出合えるのも楽しい！

③ 強者は冷凍食品も狙う →P.45

保冷バッグ持参で目指すは冷凍ブエノチキンの自販機。帰宅後冷蔵庫に移動させ、翌日いただきます。（旧店舗前にあり）

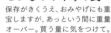

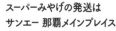

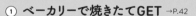

DRINK MENU
03
04

島の装い。STORE（→P.79）には、沖縄の作家のアイテムが大集合。作り手のこだわりが見えるフードみやげもチェック

Okinawa the best time

IN THE

Afternoon

14:00 - 18:00

午後オープンのお店が多いのでショッピングなら午後スタートが吉。暑〜い日には、東南植物楽園でグリーンに囲まれ涼を取ったり、はたまた絶景サウナで整ったり。遊んだあとはカラフルな南国ドリンクやぜんざいでクールダウン！

Best time!

14:00

my best shopはこの５軒、このルート。

港川外国人住宅 2H一本勝負

元米軍関係者が住んでいた住宅をリノベしたお店は数あれど、カフェもショップもこんなに密集しているのは港川だけ。

01 made in オキナワの"いま"を知るにはまずここへ

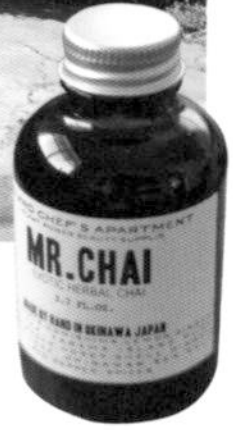

1 凸凸製作所の足付き器 2 MR.CHAI 1188円 3 4 商品はオーナーの萩原さんが作家のもとを訪ねて出合ったものばかり

Proots
プルーツ

沖縄のちゃんぷるー文化の面白さがここに濃縮

沖縄の「手仕事」、なかでも伸び盛りの若手作家の作品を扱います。ここでしか出合えないフードみやげも。

MAP P.170 F-3 ☎098-955-9887 浦添市港川2-16-7
11:00～18:00 休 水・土曜 西原ICから約6km Ⓟあり

02 島一番のオシャSPOT

PORTRIVER MARKET
ポートリバー マーケット

たっぷり時間をかけてLet's散財！

元BEAMSスタッフのご夫婦がセレクトした衣食住にまつわる良質なアイテムがズラリ。必ず立ち寄る個人的ショッピングの聖地です。

MAP P.170 F-3 ☎098-911-8931 浦添市港川2-15-8 #30
12:00～18:00 休 水・日曜 西原ICから約6km Ⓟあり

3 ショップの奥にギャラリーをオープン。不定期で沖縄の作家による個展を開催する。スケジュールはSNSで確認を 4 沖縄の"民藝"を麦島夫妻の審美眼でセレクト

1 ここでしか手に入らない「ハロイナ」のピアス2300円～ 2 オリジナルのYACHIMUN TENUGUI 1500円

★★★ 港川外国人住宅の駐車場は各店舗1～2台ずつしか停められないので、あちこち回るならコインパーキングを利用しましょう。

6

7

不動の人気を誇る
絶品のマルゲリー
タ1300円

8

9

10

11

04 お腹がすいたら サクっとナポリピザ

12

13

Secondo Casa
セコンドカーサ

14

本場のイタリアンを外国人住宅で

石窯で一気に焼き上げるピザが人気。軽く仕上がるよう生地を練っているので、女性でも1枚ペロリ！

15

MAP P.170 F-3 ☎098-914-3334 浦添市港川2-13-7 #41
11:30～15:00、18:00～23:00 不定休(要確認) 西原ICから約6km Ⓟあり

16

17

港川外国人住宅内のショップのものであれば持ち込んで飲食OK

18

19

20

21

05 軽い休憩なら ローストコーヒー

22

23

OKINAWA CERRADO COFFEE Beans Store
オキナワセラードコーヒー ビーンズストア

豆の購入＆テイクアウトも可能！

0

焙煎職人のスタッフが客の好みに合わせたコーヒー豆と淹れ方を提案してくれます。アイスコーヒー540円。

MAP P.170 F-3 ☎098-875-0123 浦添市港川2-15-6 #28
11:00～18:30 祝日 西原ICから約6km Ⓟあり

03 掘り出せ！宝物！

AMERICAN WAVE
アメリカン ウェーブ

センスが光るヴィンテージショップ

年に数回アメリカで仕入れるヴィンテージアイテムは、どれも気取らず日常に溶け込むようなものばかり。

MAP P.170 F-3 ☎098-988-3649
浦添市港川2-16-9 11:00～19:00
無休 西原ICから約6km Ⓟあり

1 ファイヤーキングの品揃えもピカイチ 2 黄色のボウリングシャツ9900円、アロハシャツ１万1000円 3 ヴィンテージイヤリング 各4400円～ 4 1965年のスヌーピーフィギュア

Best time!

14:00

フル設備でビーパも街遊びも。
実際遊べるのは、街ナカビーチ

アメリカンな雰囲気の街ビーチを遊び尽くす

手つかずの自然の中に広がる天然ビーチもいいけれど、いざ海で遊ぶとなると気になることは尽きません。「シャワーとトイレは?」「安全に遊べる?」等々。そんな時、街ナカビーチなら心配無用。サクッと立ち寄れて、ほかの予定とも組み合わせやすく、やっぱり便利です。

外国人居住者が多く、まるで海外のようなアラハビーチは約600mの白い砂浜が続く新しめのビーチ。公園と一体になっているうえBBQ施設もあり、食材を用意してもらえるので手ぶらで楽しむことができます。ビーチ周辺には美浜アメリカンビレッジなど商業施設やカフェも多いので、お気に入りのお店でTo Goしたグルメをピクニック気分で海辺で頬張るのも大いにアリ。

★★★ アラハビーチでのBBQは、テントと食材の注文でガス・釜セットが無料になります。

6
7
8
9
10
11
12
13
14
15
16
17
18
19
20
21
22
23
0

時間に余裕があったら…

+ BBQ party

大人数で海遊びするならBBQもいい。食材持ち込みは電話予約不可なので、食材付きプランを利用して。

☎098-936-9442 🏠アラハビーチ内 ¥1人 食材費2600円～（10名～。開催日の1か月前の月初より受付開始）

+ Picnic

木陰に陣取り、海を眺めながらピクニック。車で5分以内の場所に美味な店が豊富です。

VONGO & ANCHOR

サンドウィッチプレートはスープ、サラダ、デリ２品付き1600円～

→P.19

たっぷり野菜がいただけるサラダボウル 1760円

エスプレッソのフローズンドリンク、チョコレートマッドシェイク

アラハビーチ

アクティブに遊べるタウンビーチ

敷地内の公園にはバスケットコートのほか、イギリスの難破船を模した「インディアンウォーク号」も。地元民の憩いの場となっています。

中部 MAP P.173 B-4
☎098-926-2680（アラハビーチ救難所）
🏠北谷町北谷2-21 🕘9:00 ～ 17:30（時期により異なる） 🔒期間中無休（遊泳期間4月下旬～10月末） 🚗北中城ICから約7km
Ⓟあり

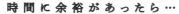

Best time!

14:00

おやつ？ ランチ？ どちらもアリ！

いつでも食べたい、タコスとバーガー

いま沖縄は空前のタコスブーム到来中。沖縄王道グルメとなったバーガーとあわせて、マイベストを探してみて。

タコスシェル
1ピース 220円
表面はパリパリ、中はもちもちという肉厚なタコスシェルが個性的
Ⓒ

コンボ
1510円
ケソタコス（ハードシェル）2個にコンソメブロス、ドリンク付き
Ⓐ

オープンラッシュでヨリドリミドリ！

TACOS

気軽に食べられるタコスは、昼食というよりむしろおやつ。生地や具など店ごとに全然違う！

TACOS
3ピース 780円
具材はビーフ、チキン、ツナからチョイス。3Pで全具材制覇してみて
Ⓓ

タコス
4ピース 740円
毎日仕込まれるサルサソースが爽やかなアクセントに
Ⓑ

Ⓓチャーリー多幸寿
チャーリーたこす

セットメニューで名物料理にあれこれトライ

1956年創業のコザの大人気店。進化を続けるタコスはもちろん、名物のチャーリーライスもお試しあれ。
→P.109

ⒸSEÑOR TACO
セニョールターコ

ここでしか味わえないシェルの食感を求めて

地元住民に30年以上愛されています。タコス以外にもインチラーダなどメキシカンなメニューが充実。
→P.45

Ⓑタコス専門店メキシコ
タコスせんもんてんメキシコ

1977年創業のタコス専門店

フードメニューはタコスのみという潔さ！ 揚げたての自家製トルティーヤのもっちりとした食感が◎。
→P.119

ⒶiSABROSO!
サブロッソ

自家製タコスをコク旨スープにディップ

沖縄では珍しいビリアタコスの店。メキシコの唐辛子に漬けた牛肉を煮込んだスープに浸して食べましょう。

西海岸リゾート MAP P.173 A-2
☎098-923-1997 読谷村波平1070-1 11:00～19:00 木曜 石川ICから約15km ⓅあRり

★★★HEYオーナーの宮垣夫妻の焼き菓子ブランド「HARETAKARA」も絶品。HEY店内やイベントなどで購入できます。SNSをチェックしてみて。

6
7
8
9
10
11
12
13
14
15
16
17
18
19
20
21
22
23
0

バーガー界を牽引する
新星現る!

HAMBURGER

バーガーの名店だらけの沖縄に、誰もが口を揃えて激推しする新たな名店が登場。いざ、実食!

HEY バーガー
1200円
(ポテトセットは+300円)

店のシグニチャーバーガー。豚肉の旨み感じるパテやバンズ、ソースが三位一体となっている

トロピカルホット
バーガー 1100円

パイナップルとハラペーニョ、バーベキューソースがマッチ!

ダブチ
1050円

パテとチーズがダブルでイン。濃厚な旨みを味わうならコレ!

HEY《ヘイ》

合言葉は“HEY!” 激リピしたい名店誕生

「毎日食べたいバーガー」を目指し、ジューシーながらもさっぱりとした味わいを実現。Pain de KaitoのバンズやHEYソースなど、全体のバランスのよさが神がかり的。

美ら海水族館周辺 MAP P.177 B-5 ☎なし 名護市城1-2-3 2F 11:00～18:00 日曜 許田ICから約8km Ⓟなし

3

2

Best time!

14:00

島素材がフォトジェニックなドリンクに変身！

南国フルーツドリンクで手軽にビタミンチャージ

暑～い午後、クールダウンするなら南国フルーツが一番。ビジュアルも文句なしだからSNSにも即アップ！

1

6

5

4

1 パッションフルーツとピンクドラゴンフルーツが2層になったマーブル島スムージー 980円～(時期・フルーツにより異なる)Ⓑ **2** 古民家をリノベしたお店はどこも絵になる！Ⓑ **3** ブーゲンビリアが庭に咲き乱れるⒷ **4** パイナップルやハイビスカスなどのフレーバーがあるDrop soda880円Ⓔ **5** 夕景も美しいウミカジテラスⒺ **6** ホテル自家農園の完熟フルーツのスムージー。バナナ、パパイア各1100円Ⓕ

Ⓒ アセローラフレッシュ

アセロラのフルーツパーラー

アセロラは1粒でなんとレモン5個分のビタミン量！ 5～11月頃が旬。おみやげにぴったりの加工品の販売もあります。

美ら海水族館周辺 MAP P.176 D-3
☎0980-47-2505 本部町並里52-2 9:00～17:00 無休 許田ICから約20km Ⓟあり

Ⓑ okinawasun《オキナワサン》

カラフルなドリンクスタンド

やんばるの農家から仕入れるフルーツを中心に使って作るスムージーは味が濃厚。カラフルなお店は映えスポットだらけ！

美ら海水族館周辺 MAP P.177 C-2
☎090-9473-0909 本部町備瀬224 12:00～16:00 月曜、日曜不定休(Instagram・facebook参照) 許田ICから約28km Ⓟあり

Ⓐ 美らイチゴ 瀬長島ウミカジテラス店《ちゅらイチゴ せながじまウミカジテラスてん》

イチゴのピンクがかわいい

沖縄県最大規模のイチゴ農園のイチゴドリンク＆スイーツが味わえます。かき氷やおみやげにぴったりなプリンも販売。

南部 MAP P.169 A-1 ☎なし(HP参照) 豊見城市瀬長174-6（瀬長島ウミカジテラス内） 10:00～20:30(L.O.) 無休 那覇空港から約6km Ⓟあり

★★★ Ti-da Beach Parlourでは、希望を伝えればスムージーにイニシャルやハート形にくりぬいたフルーツをのせてくれます。

8

7

10

9

7 そのままイチゴのスムージー 680円（左）、たべるイチゴのフレッシュジュース680円（右）。フレッシュな島イチゴをそのまま飲んでいるかのよう。ピンク色がキュート！Ⓐ 8 カットフルーツがかわいく変身！ 410円～（時価）Ⓓ 9 左からアセローラジュース500円、アセローラフローズン600円Ⓒ 10 ドラゴンフルーツスムージー 1100円Ⓓ

Ⓕ THE UZA TERRACE BEACH CLUB VILLAS

ジ ウザテラス ビーチクラブヴィラズ

→P.161

Ⓔ Gallirallus

ガルリラルルス

ビジュアル最強ドリンク

見た目もおいしそうで、食感も楽しめるトロピカルドリンクやスイーツ。ウミカジテラスからの絶景も最高です。

南部 MAP P.169 A-1 ☎098-987-0908
🏠豊見城市瀬長174-6（瀬長島ウミカジテラス内）
🕘11:00～21:00 🔒無休 🚗那覇空港から約6km Ⓟあり

Ⓓ Ti-da Beach Parlour

ティダ ビーチ パーラー

オーナーのセンスあふれる一軒

オーナーが市場で直接仕入れる季節のフルーツを使用したスムージーは、グラノーラやフルーツがのりボリューム満点！

那覇 MAP P.180 E-2 ☎予約・問い合わせはInstagramDMにて 🏠那覇市牧志2-7-18 🕘12:00～翌3:00 🔒不定休 🚗ゆいレール牧志駅から徒歩約2分 Ⓟなし

今帰仁を代表する天然ビーチ、長浜ビーチで心の洗濯！（→P.55）

森カフェヒーリング

沖縄といえば海！ですが、植物が生き生き育つ森も魅力的。緑が輝く森カフェで光合成しちゃいましょう。

Ⓐ森の巣箱《もりのすばこ》

物語に入り込んだような世界観

先代オーナーが10年以上の歳月をかけて築いたツリーハウスが森の中にひっそり佇み、おとぎ話のような世界。海と屋我地島を眺めながら、フムスと多国籍な副菜が色鮮やかに並ぶプレートをいただきましょう。

美ら海水族館周辺　MAP P.176 E-3 ☎0980-56-1570 今帰仁村湧川699 11:00 ～ 19:00 水曜 許田ICから約19km Ⓟあり

1 3 カフェテラスから屋我地島を望む 2 ひよこ豆のカチュンバやTESIOのシャルキュトリーなどがのったフムスラッププレート1500円 4 本日のハコニワプレート1100円。黒米ご飯とおかず5種が付く 5 ハンモックなどが設えられたテラスからは琉球藍の庭を望む 6 森の中の細い道の先に立つ 7 自家製シークヮーサーソーダ500円、自家製チーズケーキ480円（ドリンクとセットで950円） 8 お店で飼っている鶏が産んだ卵を使用した平飼い卵の卵サンド600円

★★★森の巣箱には1日1組限定のツリーハウスホテルが。世界観にどっぷり浸りたいならこちらにステイしてみて。

Best time!

14:00 生命力が爆発する森で心の浄化。沖縄の緑ってなんか濃い。

C 8

C 7

C 5

B 6

Ⓒ藍風《あいかぜ》

藍染体験のあとは、カフェでひと休み

藍染工房（→P.106）併設のカフェで、オーガニックコーヒーや平飼い卵のサンドイッチを提供。テラス席やハンモックに座れば、聞こえるのは小鳥のさえずりだけ。穏やかに流れる時間がなんとも心地いいお店です。

美ら海水族館周辺　MAP P.176 D-3 ☎0980-47-5583 本部町伊豆味3417-6 ⏰12:00 ～ 16:00 火・水曜、不定休 許田ICから約20km Ⓟあり

Ⓑ Cafe ハコニワ《カフェ ハコニワ》

古民家カフェでのんびりと

築50年の沖縄古民家を、女性店主自らリノベーション。腰を下ろせる縁側や温かみのあるインテリアが、おしゃれながらもどこか懐かしさを感じされてくれます。沖縄県産野菜を使用した本日のプレートをぜひ。

美ら海水族館周辺 MAP P.176 D-4 ☎0980-47-6717 本部町伊豆味2566 ⏰11:30 ～ 17:00 水・木曜、不定休 許田ICから約17km Ⓟあり

Best time!

15:00

頬をなでる風が気持ちいい！

ヨナグニウマに乗って海沿いさんぽ

やさしい馬との散歩で気分は映画スター？

性格は素直で温厚。茶色の毛並みでやさしい瞳。「映画みたいに海辺を馬に乗って散歩してみたい」と思い、初めてヨナグニウマに出合った時、一目惚れに近い感覚だったのを覚えています。馬たちと触れあって仲良くなったあと、数分の講習を受けて、いよいよ乗馬。馬の背中に乗ると視界がぐんと高くなり、

★★★ 夏の海馬遊びは1人1万5000円だが2人参加なら1人1万3000円とお得。海にジャブジャブ入るので長袖のラッシュガードなど濡れてもいい服装で。

6 7 8 9 10 11 12 13 14 **15** 16 17 18 19 20 21 22 23 0

それだけで爽快！ポコポコとのんびり歩く馬と呼吸が合わせられた時は、毎回心の底から癒され、感動してしまいます。

もっとアクティブに馬と戯れたいなら、ぜひ暖かい時季に体験を。冬季のビーチライドとは違い、夏の海馬遊びは馬に乗ったまま海にダイブ！海の中をジャブジャブ散歩して、クライマックスは馬のしっぽにつかまってスイスイ泳いでみましょう。はるばる与那国島からやってきた馬たちが、今まで体験したことのない海遊びの楽しさを教えてくれるはずです。

うみかぜホースファーム

潮風を感じながら海馬散歩

ヨナグニウマは日本の最果て、与那国島に昔からいた在来馬。小柄でやさしい性格なので、乗馬が初めてという人でも、気軽に参加できます。

南部 MAP P.168 D-2 牧場はユインチホテル南城敷地内（集合場所は予約時確認） ビーチライドは10月下旬～5月初旬。プログラム時間約1時間（所要時間は90分） 不定休 ¥ビーチライド1万5500円～ 南風原南ICから約12km Ⓟあり
URL umikaze-horsefarm.jimdofree.com
※予約フォームから要事前予約

Best time!

15:00

幸福の一杯は、沖縄にあった。

コーヒーカルチャーが面白い。面白すぎる。

TOPICS

1. 自家農園栽培の made in OKINAWA コーヒー

コーヒー栽培は難しいと言われた沖縄で、小規模ながら農園が増えています。県産ならではの甘みを体験してみて。

COFFEE MEMO

ヒロ・コーヒー豆ブレンドS 600円～。自家農園の豆を少しずつブレンドする

1 2 パステルカラーが目印。やんばるドライブの休憩に立ち寄って 3 沖縄コーヒーのルーツであるブラジル豆に、自家栽培豆を使用したブレンドコーヒーを提供する。コーヒープリン500円

携わる人々の思いが沖縄独自の文化を育む

コーヒー栽培に適した地域「コーヒーベルト」の最北端に位置する沖縄。やんばるエリアを中心に小規模農園が点在し、県産コーヒーを味わう機会も増えました。

仕入れる豆へのこだわりと確かな焙煎の腕を持った店主に出会える街ナカのコーヒーショップもあらゆるタイプが林立。沖縄でのコーヒー体験はますます面白くなりそうです。

ヒロ・コーヒーファーム

自家栽培豆をブレンドした一杯を

1993年に農園の歴史が始まったヒロ・コーヒーファームは、沖縄でのコーヒー栽培のパイオニア。現在はお店の裏手の農園でコーヒーの木を育てています。

やんばる MAP P.178 E-4 ☎098-043-2126 東村高江85-25 13:00～18:00 火・水曜、不定休 許田ICから約45km Ⓟあり

★★★ヒロ・コーヒーファームのコーヒーボイルド・ソーセージドッグを食べてみて。スモークされたような風味で驚くはず。

TOPICS

2. オーナーのこだわり光る珈琲名店 3 選

沖縄のコーヒー専門店が、いま、熱い。一杯へのアプローチがそれぞれのお店で異なるのもまた面白いのです。

AMBER HOLIC.

アンバーホリック

人々が自然と集う、コザの「宿り木」

大小様々なコーヒー店で焙煎責任者の経験を経て、コザで独立した野村雄太さんによるコーヒー専門店。裏打ちされた確かな腕はさることながら、街の憩いの場であることがお店の理想、と語ります。

中部　MAP P.173 B-4 ☎なし 沖縄市中央1-7-5 101 11:00 ～ 19:00(金・土曜は～22:00) 無休 沖縄南ICから約2㎞ Ⓟ沖縄市中央公共駐車場(無料)

COFFEE MEMO

ブレンドコーヒー500円。「ALL ABOUT」は豆の購入も可能だがまずは一杯嗜んでみて

1 2 昼のコザ歩きの合間に訪れたい 3 野村さん渾身のブレンド豆1500円(200g)

THE COFFEE SHOP HummingCoffee

ザ コーヒー ショップ ハミングコーヒー

一杯のコーヒーで作り手の思いを伝える

沖縄セラードコーヒー(→P.85)で腹心だった末吉さんが、「自分の理想とするコーヒー」を追求すべく独立。「作り手」の思いをもっと伝えたいと、一杯のコーヒーを通じて農園の人々に光を当て続けます。

中部　MAP P.173 B-4 ☎098-989-0908 沖縄市久保田3-1-12 プラザハウスショッピングセンター2F 10:30 ～ 19:00 火曜 沖縄南ICから約3㎞ Ⓟあり

COFFEE MEMO

カフェラテにスパイスが入るハミングラテ650円、ハンドドリップコーヒー 600円

1 2 3 シングルオリジンはもちろんブレンドも末吉さんの表現方法の一つ

ZHYVAGO COFFEE WORKS OKINAWA

ジバゴ コーヒー ワークス オキナワ

沖縄西海岸が随一のコーヒータウンに

コーヒーによる北谷の町作りを成功させた立役者、飯星さんによるコーヒー専門店。アメリカ西海岸を彷彿とさせるインダストリアルな雰囲気で、海に面したテラスからは美しい夕日を眺められます。

中部　MAP P.172 E-2 ☎098-989-5023 北谷町美浜9-46 ディストーションシーサイドビル1F 9:00 ～日没 無休 沖縄南ICから約6㎞ Ⓟあり

COFFEE MEMO

バリスタが一杯一杯丁寧に淹れてくれるアイスラテ(M) 570円

1 ポートランドのようなコーヒー文化が根づく 2 NYチーズケーキ520円 3 テラス席

Best time!
15:00

贅沢ビューでおいしさ3割増し。
晴れた日は 海カフェの特等席へ

青い海を高台から眺めるもよし、海フロントで波の音を聞きながら過ごすもよし。
特等席があなたを待っています。

1

星野リゾート バンタカフェ
ほしのリゾート バンタカフェ

入り江の特等席で海を独り占め

国内最大級の海カフェ。海辺のテラスや岩場のテラスなど、異なる趣の4つのエリアがあり、時間帯によってもまったく違った魅力を見せてくれます。

西海岸リゾート　MAP P.173 A-1 ☎098-921-6810 読谷村儀間560 10:00～日の入り(土・日曜、祝日は8:00 ～) 無休 石川ICから約14km Ⓟあり

4

3

2

1 海辺のテラス 2 ぶくぶくジュレソーダ1000円 3 本格グリル料理のオールーグリルを併設 4 入り江を囲う高台に立つ

★★★ 浜辺の茶屋は開店の約1時間前から用意される予約ボードにいち早く記入するのが人気席をゲットする裏ワザ。

6 7 8 9 10 11 12 13 14 **15** 16 17 18 19 20 21 22 23 0

食堂かりか

しょくどうかりか

波打ち際のネパール食堂

オーシャンビューというより、もはやビーチが客席、というロケーション。ネパール人シェフが作る料理は、スパイシーで沖縄の気候にぴったりです。

南部 MAP P.168 E-3 ☎098-988-8178 南城市玉城百名1360 10:00～20:30L.O.(季節により異なる) 水曜(季節により異なる) 南風原南ICから約10km Ⓟあり

1 新原ビーチの特等席。混雑を避けるなら午前中に **2** スパイシーなソースにつけて食べるネパールの蒸し餃子、モモ1000円

アジアン・ハーブ レストラン カフェくるくま

殿堂入りの海カフェ

海カフェ宝庫の南城市にあるパノラマビューカフェ。テラス席から久高島を一望し、広い庭にはブランコや小径も整備され、食後の散策も。

南部 MAP P.168 F-2 ☎098-949-1189 南城市知念字知念1190 10:00～17:00(L.O.16:00)、土・日曜、祝日は～18:00(L.O.17:00) 無休 南風原南ICから約14km Ⓟあり

1 庭にあるブランコシート **2** マンゴーの森572円。テラス席でオーダーできるのはドリンクとスイーツのみ

浜辺の茶屋

はまべのちゃや

ビーチサイドの木造ロッジカフェ

満潮時には建物の下まで青い海が広がり、干潮時には広大な干潟が出現。窓際席や木陰の席などあちこちに客席があり、さまざまな海の表情を楽しめます。

南部 MAP P.168 E-3 ☎098-948-2073 南城市玉城玉城2-1 10:00～18:00(L.O.17:00)、金～日曜は8:00～ 無休 南風原南ICから約10km Ⓟあり

1 大きな窓を開け放った人気の窓際席。屋上や浜辺にも席がある **2** ジャムやバターなどが楽しめる3色トースト550円

Best time!
15:00

あなどるなかれ、王道スポット。

東南植物楽園で緑の海に溺れたい

6～8月には蓮が甘い香りと共に開花。満開になる早朝に見ると格別

ヒスイカズラは3～5月に翡翠のような色の美しい花を咲かせる

ハワイや太平洋諸島で見かける鮮やかなレッドジンジャー

屋外で大きく育ったサボテンやアガベに園の歴史を垣間見る

濃厚な緑が輝いて見える、雨上がりの植物園もおすすめ

カピバラ新エリアが登場。動物との触れあいを楽しもう

10月下旬の17時からは南国イルミネーションも

入園口入ってすぐ出合える！ ミーアキャットの愉快な生態を観察

オウム、インコによるバードパフォーマンスショーも開催

日本でここだけしか見られない絶景

ガイドブックでよく見るものの、東南植物楽園のような「王道スポット」をスルーしてきた人も多いのでは？なんともったいない！本土では温室でしか見ることのない南国の植物が群生し驚かされるのですが、圧巻なのは高さ約25mものヤシが天空に向かって一斉に伸びるユスラヤシの並木。濃い緑に包まれた園内を散歩していると、呼吸が深くなっていくのを感じます。

東南植物楽園《とうなんしょくぶつらくえん》

季節ごとの植物の姿を堪能

大きな池一面に蓮が咲き誇る水上楽園と、色濃い緑が出迎える植物園に分かれています。

中部 MAP P.173 C-2 ☎098-939-2555 沖縄市知花2146 9:30～17:00(イベントにより異なる) 無休 ¥1540円 沖縄北ICから約3km Ⓟあり

★★★ ふれあい広場ではカピバラやリスザルと触れあえます。子ども連れでも楽しめるはずです。

郵便はがき

104-8011

おそれいりますが
切手をお貼り
下さい

東京都中央区築地
5-3-2

株式会社
朝日新聞出版
生活・文化編集部 行

ご住所 〒 電話 (　　　)		
ふりがな お名前		
Eメールアドレス		
ご職業	年齢 歳	性別

このたびは本書をご購読いただきありがとうございます。
今後の企画の参考にさせていただきますので、ご記入のうえ、ご返送下さい。
お送りいただいた方の中から抽選で毎月10名様に図書カードを差し上げます。
当選の発表は、発送をもってかえさせていただきます。

愛読者カード

本のタイトル

お買い求めになった動機は何ですか？（複数回答可）

1．タイトルにひかれて　2．デザインが気に入ったから
3．内容が良さそうだから　4．人にすすめられて
5．新聞・雑誌の広告で（掲載紙誌名　）
6．その他（　）

表紙　1．良い　2．ふつう　3．良くない
定価　1．安い　2．ふつう　3．高い

最近関心を持っていること、お読みになりたい本は？

本書に対するご意見・ご感想をお聞かせください

ご感想を広告等、書籍のPRに使わせていただいてもよろしいですか？

1．実名で可　2．匿名で可　3．不可

ご協力ありがとうございました。
尚、ご提供いただきました情報は、個人情報を含まない統計的な資料の作成等に使用します。その他の利用について詳しくは、当社ホームページ https://publications.asahi.com/company/privacy/ をご覧下さい。

ユスラヤシの並木は長い歴史の中で作り上げられた景観。木漏れ日の中、風や鳥の声を感じてみて

ジャングル絶景で整う

シダなどの植物パワーみなぎるジャングルの絶景は、サウナ後のスッキリ感でさらに鮮やかに感じます

Best time!

15:00

爽快感を求めて、海へ。森へ。

絶景サウナで、「整い」の向こう側へ

沖縄でしか味わえない「整い」があるのです

全国で巻き起こるサウナブーム。見様見真似の作法でトライしたものの、本当に整っているのか分かっていませんでした。この2軒に出合うまでは…。

亜熱帯サウナは広大な山をゼロから開墾した絶景サウナ。山のあちこちに設えられた外気浴デッキからは、見渡す限りの緑！ジャングル！山を吹き抜ける風を受け、この景色を目の前にすれば、整わないわけありません。

森の巣箱は森越しに海を望む高台のサウナ。木々の音や海風を感じる「とどのいデッキ」からの景色を独り占めできちゃいます。

沖縄の大自然の中でのサウナ体験は、スケール感も爽快感も唯一無二。どんな心のもやもやも吹き飛ぶはずです。

★★★ 亜熱帯サウナの敷地内には「ジャングルフォトスポット」なる場所が。映えフォト撮影ができる仕掛けが点在しています。

6

「五感でサウナを楽しんでほしい」というオーナーの、こだわりが詰まったセルフロウリュのサウナ。

7

森の巣箱

もりのすばこ

まるでおとぎ話のようなカフェ＆サウナ

8

70代の先代が山の中に作った桃源郷のような場所を受け継ぎ、カフェ（→P.94）・サウナ・ツリーハウスホテルをオープン。サウナは１枠１組貸し切りなので、海絶景を独り占めできます。

9

美ら海水族館周辺　MAP P.176 E-3 ☎0980-56-1570 今帰仁村湧川699 12:00～15:00、16:00～19:00の2部制（1枠1組貸し切り） 水曜 ¥1組1万2000円（最大4名まで） 許田ICから約19km Ⓟあり

10

11

12

13

14

水温設定は、支配人こだわりの13℃。キンキンの水から上がり、ととのいデッキへ移動です。

ストーブの上には通常より多めのサウナストーンが。ジューッという音さえヒーリング。

15

16

17

18

19

貸し切りは3時間。木々が風に揺れる音、海風を感じながら、ゆっくり心身の整いを味わいましょう。

屋外にある水風呂から上がり、外気浴。ハンギングチェアなど好みの場所を選んで。

20

21

22

23

0

海絶景で整う

穏やかな内海を望むデッキは、海絶景と森絶景のいいとこどり

亜熱帯サウナ

あねったいサウナ

あふれる緑の中で心豊かな時間

2022年末にオープンしたジャングルの中のサウナ。ヘゴなどのシダ植物が生い茂る山の絶景は、自然を極力残しながら開墾したスタッフのみなさんの努力の結晶。敷地内にはカフェも併設しています。

美ら海水族館周辺　MAP P.176 D-4 ☎050-8885-0691 本部町伊豆味2599 11:00～13:00、13:30～15:30、16:00～18:00、18:30～20:30の4部制（水着、タオル、サンダル要持参。要予約） 木曜、悪天候時 ¥平日2200円（土・日曜、祝日は2750円）※16歳未満利用不可 許田ICから約18km Ⓟあり

琉球藍染めのこと

店の周辺に自生する琉球藍を染料に、科学的な薬剤を使わない天然発酵建てで藍染め液を作ります。天候や気温、素材によってさまざまな色に染まるのが天然藍の面白さなのです。

なる、ワークショップ

伝統的な作品作りで昔の沖縄の豊かさを知る

沖縄を好きになればなるほど、歴史や伝統をもっと知りたくなるもの。ワークショップで「伝統の語り部」ともいうべきスタッフから話を聞きながら作品を作ることができれば、沖縄の伝統に対する解像度もぐんと上がるはずです。

藍風で体験できるのは琉

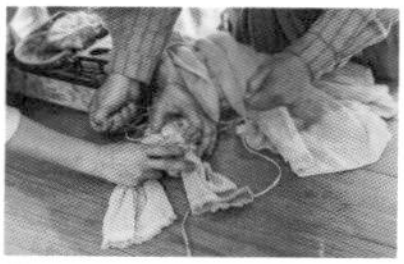

①仕上がりを想像しながら模様をつけるため布を糸で縛る。偶然できるデザインも素敵。

②泥藍と灰汁、泡盛や糖分を加えて作られた藍染液に布を浸し、染め液をもみ込む。

③布を空気に触れさせて（空気酸化）色を定着させ、発色を確認。再度染め液に浸す。

④これを3回繰り返し、水ですすいで作業終了。縛っていた糸をほどくと、模様が現れる。

藍風

あいかぜ

本部半島の山あいの藍染工房

琉球藍染職人の前オーナーからお店を受け継いで、現オーナーによって2019年にオープン。天然発酵建てで染める藍染めの作品は、昔ながらの懐かしさと洗練された風合いをまとっています。

美ら海水族館周辺 MAP P.176 D-3 ☎0980-47-5583 本部町伊豆味3417-6 12:00～16:00 火・水曜、不定休 許田ICから約20km Ⓟあり

ワークショップメニュー

ストール染めコース
1時間半 6000円
エコバッグ染めコース
1時間 3500円
お気軽コース
（ハンカチ、手ぬぐい）
1時間 3000円
※素材代込み

染めたばかりの鮮やかな藍色はもちろん、経年で色合が変化する様も美しい。

★★★藍風（→P.95）も島遊舎かぁらんやーもカフェが併設されているので、ワークショップ後はぜひ寄ってみて。

6
7
8
9
10
11
12
13
14
15
16
17
18
19
20
21
22
23
0

草あみ体験のこと

クバやアダン、月桃など身近にある繊維の強い植物を使って民具を作る、昔から続く沖縄の文化を教わります。瀬底島の方言や近所のおばぁの話も面白い！

Best time!

15:00

世界に一つの作品作りで沖縄に伝わる知恵を知る。

沖縄を知る。もっと好きに

球藍を使った藍染め。時間と手間をかけ、自然に負担をかけない天然発酵建てで行う、昔ながらの技法を学べます。瀬底島にある島遊舎かぁらんやーでは島に自生する植物を使った草あみ体験を。ワークショップで得られるのは、ただ物を作る体験ではなく、沖縄に古くから伝わる生きる知恵。ものが少なかった「豊かな生活」から、いまを生きるヒントを見つけられるかもしれません。

民具作りの基本は「縄ない」。2つの植物の束を同時にねじりあわせて縄を作っていく。

庭からとってきたクバの葉。季節によっては葉を狩るところから体験できるかも!?

島の軽食、たっぴらかーさーセット400円。休憩所は土・日曜12:00～15:30の営業。

「植物さえあればなんでも作れる」ことを伝えたいから、体験内容も随時変更中！

1 **2** 制作物の一例。時期によって制作できるものは変わるので予約時に確認を

1

2

島遊舎かぁらんやー

しまあしびしゃかぁらんやー

島に根づく手しごとを教わる

瀬底島の古民家で、昔から島に伝わる草あみ体験を。島で育つ身近な植物を使って民具を作りながら、瀬底島に伝わる貴重な話を聞くことができます。体験後は敷地内の休憩処で島の軽食を。

美ら海水族館周辺 MAP P.177 C-3 ☎0980-43-0082 本部町瀬底283 11:00～16:30 月・火曜 許田ICから約25km Ⓟあり

ワークショップメニュー

鍋敷き
1時間半 3000円

コースター
2時間～2時間半 2000円

カゴ
約3時間 3000円

※素材代込み、前日15時までに要予約

Best time!

13:00-16:00

コザが面白いのは、夜だけじゃない。

コザから目が離せない…。街歩き3H

1 4 コザゲート通りは特に英字の看板が多い。昼はシャッターが閉まっているお店も日が暮れると賑やかに 2 アーケードになっているサンシティ商店街 3 5 パークアベニュー通りはブーゲンビリアが美しい

音楽が根づく街の昼の新たな魅力

米軍基地が近く、日本とアメリカの文化が交差する街、コザ。米兵が夜な夜な集まるライブハウスやバーが多く、夜のイメージが根強かったのですが(もちろんいまも夜は盛り上がります)、近年は「昼も面白い街」として注目が集まっています。

こだわりのハンドドリップコーヒーショップに、デリカテッセンの名店、毎日通いたくなるベーカリーと、個性的な店の輝きが、点から線へとつながり、街に活力がみなぎる。今後も進化が続きそうで、目が離せません。

街歩きPONIT

- メインはパークアベニュー通りとコザゲート通りに挟まれたエリア
- いまも夜は米軍関係者で大盛り上がり。羽目を外さないよう要注意です
- お店のスタートは遅め。昼、夕方から訪れてみて

★★★ 雨の日はアーケードの一番街やサンシティ商店街を散策してみて。多ジャンルのお店が軒を連ね、沖縄の「ちゃんぷるー」文化を感じられるはず。

6 7 8 9 10 11 12 13 14 15 16 17 18 19 20 21 22 23 0

14:00

映えなロースイーツにやられた

1パンとサラダとRawチーズ1000円 2店主のセンスが光る店内はフランス統治時代のベトナムがテーマ 3マフィンが並ぶことも 4季節のRawフルーツタルト800円

raw sweets cafe abondance

ロースイーツカフェアボンダンス

華やかなロースイーツで甘美なひと時を

48℃以下の非加熱製法で作るロースイーツを提供するカフェ。店主の宮城さんが創り出すスイーツは目にもおいしく、乳製品不使用と思えない風味の豊かさ。果実の色香を堪能しましょう。

中部 MAP P.173 B-3 ☎なし 沖縄市中央4-11-7 11:00～18:00 日～水曜 沖縄南ICから約2km Ⓟ沖縄市中央公共駐車場を利用

13:00

タコスの有名店っていえばの名店ですよ

チャーリー多幸寿

チャーリーたこす

元祖沖縄のタコス店

自家製トルティーヤのこだわりタコスを目がけて昼時は大行列！ 秘伝ソースがポイントで、ビーフ、チキン、ツナから選べます。1ピース290円～で、各種セットメニューも豊富。

中部 MAP P.173 B-3 ☎098-937-4627 沖縄市中央4-11-5 11:00～18:45 木曜(祝日の場合営業) 沖縄南ICから約2km Ⓟ沖縄市中央公共駐車場を利用(料理購入につき1時間無料)

1レトロかわいい店内 2タコス(3P)780円。セットメニューも多いので、おなかのすき具合に合わせてチョイス

15:30

ガチ旨ソーセージ発見！

TESIO

テシオ

本場が絶賛した味、一度は食べるべし！

遊び心がたっぷりのハムやソーセージは、クラシックなドイツ製法によるもの。ドイツ国際コンテストでは、出品した商品全てがメダルを獲得！ →P.77

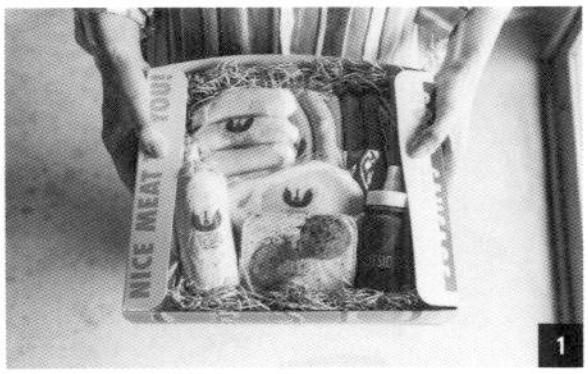

1沖縄県産豚を中心とした肉を使用した個性的な商品 2ゲート通りに佇む

16:00

カカオ×天然酵母のベーカリー

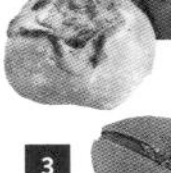

1カカオ酵母を使用したパン 2飲食スペースも 3カカオ果肉クリームチーズ、VEGANチョコレートサンド、カカオブレッド

MILL by TIMELESS

ミルバイタイムレス

タイムレスのこだわりMAX！

タイムレスチョコレートによるベーカリー。石臼挽きの国産小麦に厳選カカオ、高千穂バターと食材にもこだわりがあふれ、書き切れないほど。毎日通いたい！

中部 MAP P.173 B-3 ☎070-9002-9377 沖縄市中央4-11-1 11:00～18:00(売り切れ次第閉店) 不定休※Instagram参照 沖縄南ICから約2km Ⓟ沖縄市中央公共駐車場(無料)

ほかにも こんなお店が

こだわりコーヒー

AMBER HOLIC.

アンバーホリック

街唯一のコーヒー専門店で、確かな技術に裏付けされた一杯を。 →P.99

Best time!
16:00

空港周辺で旅のラストスパート！
帰る直前まで全力投球する方法

1. 空港最寄リゾートで食・買・遊、全部満喫。

空港まで
6km

瀬長島ウミカジテラス
せながじまウミカジテラス

飛行機を間近に望むリゾート島

沖縄メイドのクラフトや、県産メニューが揃う飲食店が、海に囲まれた南欧風の施設に45店舗以上集います。

南部 MAP P.169 A-1 ☎098-851-7446（瀬長島ツーリズム協会）🏠豊見城市瀬長174-6 ⏲10:00 ～21:00（店舗により異なる）🔓無休 🚗那覇空港から約6km Ⓟあり

温泉も！

琉球温泉龍神の湯
りゅうきゅうおんせん りゅうじんのゆ

旅の疲れを最後にリセット

瀬長島ホテル内の海を一望する天然温泉の露天風呂。タオルレンタルは料金に含まれるので手ぶらでGO。

南部 MAP P.169 A-1 ☎098-851-7167 🏠豊見城市瀬長174-5 琉球温泉 瀬長島ホテル1F ⏲6:00 ～ 翌0:00（最終受付23:00）🔓無休 ¥1500円（土・日曜、祝日は1700円）🚗豊見城・名嘉地ICから約4km Ⓟあり

SunRoom Sweets SENAGAJIMA
サンルーム　スイーツ セナガジマ

南国スイーツは必食

完熟マンゴーをサンドしたシフォンケーキやトロピカルジュースで南国感を満喫！

☎098-987-1718
⏲10:00 ～21:00 🔓無休

大人気のマンゴークリームシフォン378円

ボタニカルハンドメイドソープ5つセット2750円

SuiSavon - 首里石鹸 -
スイサボン しゅりせっけん

沖縄の思い出を香りと共に

沖縄植物の美容成分を生かしたスキンケア商品が揃います。沖縄らしい香りが魅力。

☎0800-000-3777
⏲10:00 ～20:00 🔓無休

終わりよければ全てよし！
最後まで賢く旅を楽しむ

楽しかった沖縄旅行の最後、いざ空港に戻ろうとすると道路がガチガチ…。汗だくでチェックイン、という肝を冷やす経験をしたことはありませんか？渋滞で有名なゴッパチ（58号線）や330号線は、朝と夕方の通勤・帰宅ラッシュともなるとその激しさを増します。那覇中心地で「空港まで近いし安心」とのんびりするのは危険。最終日は南部で過ごし、フライト数時間前には空港周辺でラスト沖縄を満喫する、というのがおすすめです。あちこち回る時間がないなら瀬長島ウミカジテラスがベストチョイス。リゾート感あふれる南欧風の施設に、ここにしかないショップやカフェが並びます。最後まで遊びも食も買い物も「らしさ」全開のスポットで、悔いなく旅を締めくくりましょう。

★★★ レンタカーの返却で「空港返却」がオプションで選べるなら迷わず選びましょう。最終日の貴重な時間を無駄にせず過ごせます。

3. 最寄道の駅 豊崎で地元グルメをGET。

道の駅 豊崎 JA おきなわ食菜館 とよさき菜々色畑《みちのえき とよさき ジェイエーおきなわしょくさいかん とよさきなないろばたけ》

空港から一番近い道の駅

豊見城市の特産品を扱うJAおきなわ「菜々色畑」は、観光案内所を併設。6～9月はマンゴーをGET。

南部 MAP P.169 A-2 ☎098-850-8760 🏠豊見城市豊崎3-86 🕘9:00～18:00 🔒不定休 🚗豊見城・名嘉地ICから約3km Ⓟあり

5. 早めチェックインでおみやげ買い忘れチェック。

空港内

1 シークヮーサー果汁を使ったヒラミーレモンケーキ270円 2 タルト生地をサブレにしたとりサブレ(3枚入り)541円

1 香ばしく焼き上げられたnantitiココナッツ風味367円

[oHacorté]《オハコルテ》

港川外国人住宅のフルーツタルト専門店

時間がなくて港川まで行けずとも安心を。個包装されたお菓子は空港でも買えます。

那覇 MAP P.171 A-3 ☎098-840-1276 🏠那覇空港2F国際線エリア 🕘7:00～20:30

那覇空港 わしたショップ《なはくうこうわしたショップ》

なんでも揃う沖縄みやげの殿堂

小袋タイプから大容量のお菓子、冷蔵商品まで揃い、駆け込みショッピングにピッタリ。

那覇 MAP P.171 A-3 ☎098-840-1197 🏠那覇空港2FANA出発ロビー側 🕘7:00～20:30

2. 最後の晩餐も、らしさ全開で。

Jef 豊見城店《ジェフ とみぐすくてん》

沖縄のハンバーガーチェーン

沖縄県内に3店舗を展開。3種類あるゴーヤーのハンバーガーをぜひお試しあれ！

南部 MAP P.169 B-1 ☎098-856-1053 🏠豊見城市田頭66-1 🕘6:30～23:00 🔒無休 🚗那覇空港から約3km Ⓟあり

1 ゴーヤースライス、卵、ポークランチョンミートを使った沖縄感あふれるぬーやるバーガー 450円 2 小ぶりなミニバーガーは3個で400円

空港まで
10km

4. ラストビーチにごあいさつ。

美々ビーチいとまん《びびビーチいとまん》

シャワーもある快適ビーチ

西海岸沿いにあるので、夕暮れ時に訪れれば海とサンセットの見納めができます。

南部 MAP P.169 A-3 ☎098-840-3451 🏠糸満市西崎町1-6-15 🕘9:00～18:00(7～8月は～19:00) 🔒期間中無休(遊泳期間4～10月) 🚗豊見城・名嘉地ICから約7km Ⓟあり(有料)

かわいく、ちゃんとおいしく

やげの宝庫。「ばらまき系」とは違う、物語のあるFOODみやげを探して。

1

4

2 調味料＆ドレッシング

普段の料理に「沖縄色」をプラスしてくれる、縁の下の力持ち。シンプルな料理で試せば、素材のよさを感じるはず。

5

8

7

6

2

3

1 ジャム

フルーツの旬の時季に行けなくてもご安心あれ。フルーツや野菜のおいしさを直球で感じられる瓶ものがいま、花盛りです。

4 黒糖

コクがありミネラル豊富な黒糖は、本島ほか8つの島で製造されます。島によっても風味が異なり、食べ比べるのも楽しい！

12

11

9

10

3 塩

美しい海に囲まれた沖縄はいわば「塩のメッカ」。まさに手塩にかけて作られた最高の調味料は、産地や製法によって味わいもさまざまです。

15

14

13

5 コーヒー

いまや沖縄は、自家焙煎コーヒーの激戦区。豆の持ち味を生かした個性派揃いのコーヒーから、好みの一杯を探して。

1 コンフィチュール。ハイビスカスジャム770円などⒿ 2 カラキ入りのソイミルクキャラメル1200円Ⓑ 3 シークヮーサーバター 1200円Ⓑ 4 宜野座村産手作りジャム690円Ⓒ 5 ガーリックオリーブオイル972円（200g）Ⓘ 6 みやぎ農園のマヨネーズ646円Ⓔ 7 やんばるスパイス756円、スパイスソルト540円Ⓕ 8 STAND EIBUN（→P.50）のコーレーグース550円Ⓚ 9 おかわかめの粉末入りの塩410円Ⓔ 10 ハイビスカス＆ハーブのソルト各種594円Ⓘ 11 あらゆる黒糖が並ぶⒶ 12 ノイベナ農園の黒糖540円Ⓔ 13 浅煎りのブレンドコーヒー 1800円（200ｇ）とシングルオリジンコーヒー1700円（200ｇ）Ⓛ 14 ブレンド各200円Ⓓ 15 ブレンドコーヒー 1500円（200ｇ）Ⓜ 16 くがにちんすこう オリジナルパッケージ（塩・プレーン）各1300円Ⓓ 17 食堂faidamaオリジナル756円Ⓗ 18 シングルオリジンチョコレート ガーナ70%950円Ⓖ 19 カカオスプリンクル1200円Ⓖ 20 うちぼり養蜂園の非加熱ハチミツ各540円Ⓗ 21 金川紅茶1080円Ⓔ 22 シマノネのうっちん茶＆ハイビスカス茶各990円Ⓑ 23 農薬不使用の美ら花紅茶各1998円Ⓑ 24 フルーツの缶詰も豊富Ⓐ 25 まるでチーズな島豆腐。スモーク540円、バジル540円Ⓔ 26 白身魚ラー油853円、マグロのふりかけ745円Ⓑ

★★★ 樂園百貨店では、琉球王家御用菓子職人だった本家新垣菓子店のちんすこうを販売しています。超レアで常に品切れしているので、事前の予約が必須です。

Best time!

16:00

味は私のお墨付き。

FOODみやげは、

地場農林水産物が豊富な沖縄は、グルメみ

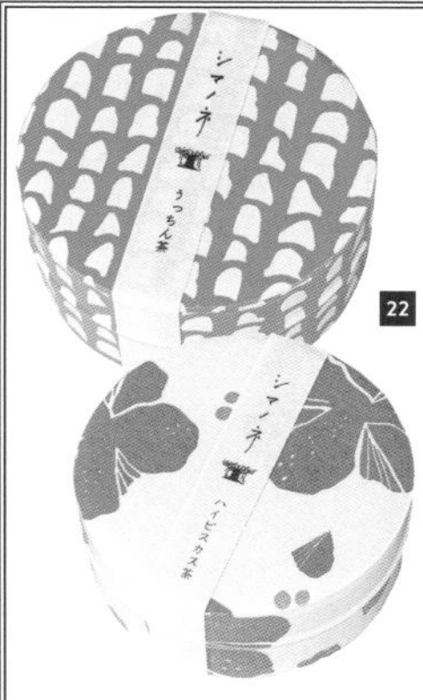

22

21

23

7 お茶

沖縄といえばさんぴん茶…ですが、島の気候が生んだお茶文化は、紅茶やハーブティーなど驚くほど幅広いのです。

10 加工品

フルーツに島豆腐、海の幸と、島の恵みをふんだんに詰め込んだ加工品はFOODみやげの代表格です。

24

26

25

6 ちんすこう

琉球王朝時代から続く伝統菓子。小麦粉、砂糖、ラードとシンプルな素材で作った、原点回帰の味がやっぱり一番。

17

16

8 チョコレート

沖縄にもBean to Barの波は訪れ、カカオだけでなく黒糖にもこだわりぬいたチョコレート専門店が。

19

18

9 ハチミツ

沖縄にも養蜂は根づいています。花の香りがほのかに感じられる非加熱ハチミツは、栄養面からもおすすめ。

20

Ⓐゆんた市場 ゆんたいちば 西海岸リゾート MAP P.173 A-2 ☎098-958-1124 読谷村喜名2346-11 9:00～18:00 旧盆 石川ICから約10km Ⓟあり Ⓑ樂園百貨店 らくえんひゃっかてん→P.78 ⒸProots プルーツ→P.84 ⒹPORTRIVER MARKET ポートリバー マーケット→P.84 Ⓔハッピーモア市場 トロピカル店 ハッピーモアいちば トロピカルてん→P.74 ⒻCookhal クックハル→P.53 ⒼTIMELESS CHOCOLATE-HARBOR VIEW- タイムレス チョコレートハーバービュー中部 MAP P.172 D-2 ☎098-923-2880 北谷町港14-14 9:00～19:00 不定休 沖縄南ICから約6km Ⓟあり Ⓗ食堂 faidama しょくどう ファイダマ→P.53 Ⓘ島の装い。STORE しまのよそおいストア→P.79 Ⓙビン food+cafe'eju' ビンフードプラスカフェイージュ→P.27 ⓀSTAND EIBUN スタンド エイブン→P.50 ⓁTHE COFFEE SHOP HummingCoffee ザ コーヒー ショップ ハミングコーヒー→P.99 ⓂAMBER HOLIC. アンバーホリック→P.99

Best time!
17:00 世界が赤く染まる、一大イベント。サンセット、どう過ごす？

@West Side Beach

買い物に夢中で気づけばサンセットタイム…。そんな時は、街ナカのビーチへダッシュ！

Ⓐ

自然の織り成す空色がどんな芸術より心揺さぶる

南北に延びる島の形から、沖縄本島には夕日スポットが多数。冬なら18時頃、夏なら19時頃、空が徐々に赤く染まり始めたら、ドラマチックなサンセットタイムの始まりです。近場のビーチで拝むのもいいですが、せっかくの沖縄、シチュエーションにこだわりましょう。ハンモックに揺られながら夕日をバックに往来する飛行機を眺めたり、カタマランで沖に出て、海の上で過ごすのも沖縄ならではの体験です。

Ⓐ 北谷サンセットビーチ
ちゃたんサンセットビーチ

思い立ったらすぐビーチ

美浜アメリカンビレッジから近く、買い物の合間に立ち寄れるタウン系ビーチ。ご近所さんに交じって絶景をご堪能あれ。

中部 MAP P.172 E-2 ☎098-936-8273
北谷町美浜2 ⏲9:00～17:30(時季により異なる) 期間中無休(遊泳期間4～10月) 沖縄南ICから約6㎞ Ⓟあり

★★★ 緯度が低い沖縄は日の入り時間も本州と異なるので要注意。7月が最も日が長く19時半前、12月が最も短く17時半過ぎの日の入りです。(→P.184)

@Hammock
慌ただしくアクティブに動いた
日中の疲れを癒すには、ハンモ
ックに身を預けてチルアウト。

@Hotel's BBQ
ヤシの木に囲まれたテラスで、
BBQ。サンセットから星空へ変
わる空模様を心に焼き付けて。

@Cruise
頬を撫でる潮風を感じながらカタ
マランでクルーズ。ドラマチック
な夕日が沈む時を待ちましょう。

Ⓓ カフェテラス『ボワール』(THE MOON BEACH MUSEUM RESORT)

ここはハワイ?な海辺のテラス

ヤシの木が揺れる、南国らしいオープンテラスでBBQ。新鮮な海の幸を豪快に焼きながら、空模様を楽しみましょう。

西海岸リゾート MAP P.175 A-2 ☎098-965-1020 恩納村字前兼久1203(THE MOON BEACH MUSEUM RESORT内) 4～9月の11:00～17:00(L.O.16:30)、BBQタイム18:00～21:30(L.O.21:00) 無休 石川ICから約4km Ⓟあり(有料)

Ⓒ ザ・ブセナテラス

潮風を感じる心地いいひと時

ザ・ブセナテラスから、カタマランヨットで沖へ。ドリンク片手に、サンセットを眺める優雅なクルーズです。

西海岸リゾート MAP P.174 D-2 ☎0980-51-1333 名護市喜瀬1808 許田ICから約4km(空港からリムジンバスあり) Ⓟあり
サンセットクルーズ
45分 ¥7150円※宿泊者は6050円。1ドリンク付き

Ⓑ HAMMOCK CAFE LA ISLA

ハンモックカフェ ラ イスラ

メキシコハンモックに揺られて

海風を感じながら本場メキシコで手編みしたハンモックでリラックス。海に映える色鮮やかでトロピカルなドリンクがお供。

南部 MAP P.169 A-1 ☎098-894-6888 豊見城市瀬長174-6(瀬長島ウミカジテラス内) 11:00～21:00(L.O.20:30) 無休 那覇空港から約6km Ⓟあり

MY BEST SHAVE ICE MAP
（冷し物一切編）

儚く溶ける前にパクリ！
常夏のおいしい救世主

太陽が照りつける沖縄では冷し物が大活躍。内地では温かいのが当たり前の「ぜんざい」も、沖縄では甘く煮た金時豆の上にかき氷がのったひんやりスイーツの代表格。南国フルーツのかき氷もカラフルでかわいい❤

E
琉冰 おんなの駅店の アイスマウンテン（かき氷）トロピカルフルーツ1480円

道の駅・おんなの駅内にあり、新鮮な果物を使用したスイーツが自慢。マンゴー、ドラゴンフルーツなど、旬のトロピカルフルーツがてんこ盛り！

G
ひがし食堂の 三色みぞれ430円

地元民がひっきりなしに訪れる、創業50年以上の食堂。「冷し物」が人気で、三色みぞれは近所の子どもたちのリクエストだったのだとか。

F
田中果実店の シェイブアイス 680円～

ハワイ生まれのシェイブアイス専門店。ブルーハワイやシークヮーサーなど、手作りシロップは全20種。マウンテンマンゴーパフェは2500円。

Muffin , Jam , Shaveice
FRUIT STORE TANAKA

D
鶴亀堂ぜんざいの パープルダイナマイト680円

座喜味城跡の隣に立つぜんざい店。ふわふわ氷に紅芋アイスクリームも入りボリューム満点。それでもペロリと完食できるヒミツは、黒糖生姜シロップにあり！

H
新垣ぜんざい屋の 氷ぜんざい 350円

言わずと知れたぜんざいの殿堂。メニューは「氷ぜんざい」一択という潔さで、氷の中には8時間以上煮込んだ金時豆が。創業70年の老舗の味です。

Ⓐ いなみね
冷し物専門店お食事処
いなみねひやしものせんもんてん
おしょくじどころ

南部 MAP P.169 B-3 ☎098-995-0418 🏠糸満市糸満1486-3 🕘11:00 ～ 18:30 (L.O.18:00) 🔒火曜 🚗豊見城・名嘉地ICから約8km Ⓟあり

Ⓑ 千日
せんにち

那覇 MAP P.171 B-3 ☎098-868-5387 🏠那覇市久米1-7-14 🕘11:30 ～ 19:00 (夏季は～ 20:00) 🔒月曜(祝日の場合は翌日) 🚗ゆいレール旭橋駅から徒歩約10分 Ⓟなし

Ⓒ 喫茶ニワトリ
きっさニワトリ

中部 MAP P.170 F-3 ☎098-877-6189 🏠浦添市港川2-16-1 🕘12:30 ～ 17:00 (L.O.16:30) ※売り切れ次第閉店 🔒不定休 🚗西原ICから約6km Ⓟなし

Ⓓ 鶴亀堂ぜんざい
つるかめどうぜんざい

西海岸リゾート MAP P.173 A-2 ☎098-958-1353 🏠読谷村座喜味248-1 🕘11:00 ～ 17:00 🔒水曜 🚗石川ICから約12km Ⓟあり

Ⓔ 琉冰 おんなの駅店
りゅうぴん おんなのえきてん

西海岸リゾート MAP P.175 A-3 ☎090-5932-4166 🏠恩納村仲泊1656-9(おんなの駅内) 🕘10:00 ～ 19:00(11 ～ 2月は～ 18:00) 🔒無休 🚗石川ICから約4km Ⓟあり

Ⓕ 田中果実店
たなかかじつてん

西海岸リゾート MAP P.175 C-3 ☎070-5279-7785 🏠恩納村瀬良垣2503 🕘11:00 ～ 17:30 🔒火・水曜 🚗屋嘉ICから約7km Ⓟあり

Ⓖ ひがし食堂
ひがししょくどう

美ら海水族館周辺 MAP P.177 B-5 ☎0980-53-4084 🏠名護市大東2-7-1 🕘11:00 ～ 18:30 🔒旧盆 🚗許田ICから約8km Ⓟあり

Ⓗ 新垣ぜんざい屋
あらかきぜんざいや

美ら海水族館周辺 MAP P.177 C-3 ☎0980-47-4731 🏠本部町渡久地11-2 🕘12:00 ～ 18:00(売り切れ次第閉店) 🔒月曜(祝日の場合翌日) 🚗許田ICから約24km Ⓟあり

Ⓒ **喫茶ニワトリの**
ドラゴンフルーツとパッションのかき氷950円

夏季限定でippe coppeの庭にオープンするかき氷屋さん。契約農家から仕入れる旬のフルーツを使った自家製シロップは、新鮮そのもの。フレッシュな味わいを楽しんで。

Ⓐ **いなみね冷し物専門店**
お食事処の
白熊(大)750円

地元客に愛される大衆食堂。50を超える冷し物メニューの中でも、まんまるフォルムとゆるい表情の白熊が大人気。氷の下には白玉と金時豆の沖縄スタイルです。小サイズの白熊ミニ650円もあり。

Ⓑ **千日のアイス**
ぜんざい400円

創業60年以上の老舗食堂。看板メニューのアイスぜんざいは、底にふっくら大粒の金時豆が隠れていて、シンプルながらもやさしい甘さ。お手頃価格もポイント高し。

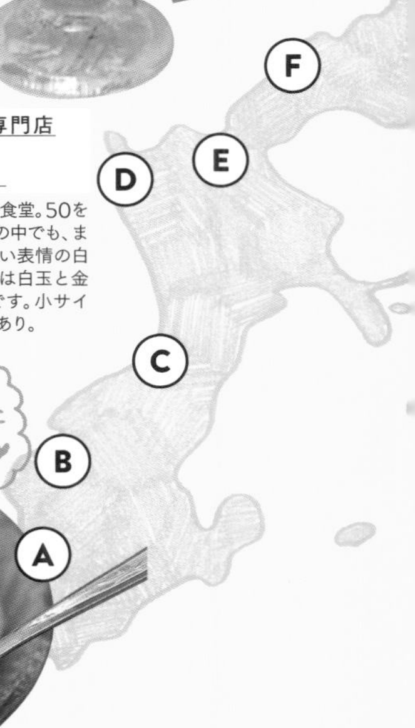

MY BEST

GRAB & GO MAP

（テイクアウトフード編）

海に行く前にサクッと〝おいしい〟を持ち帰り

ドライブ中に小腹がすいた時も、食べ物には全力投球。沖縄おやつの代表格、サーターアンダギーや、沖縄県民がスナック感覚で食べている天ぷらなど、そのエリアならではの絶品テイクアウトフードを探してみて！

IN THE **Afternoon** (14:00-18:00)

E

GOZZAの
名物カツサンド
980円

高台にあるイタリアンでは、県産素材をあらゆる調理法で調理。特にカツサンドは絶妙な火入れで、とんでもないみずみずしさと肉の歯切れのよさを実現。カツサンドの概念が覆されます。

カツサンド至上、最高の歯ざわり、食べごたえ。（断言）

G

道の駅 ゆいゆい国頭の
クニガミドーナツ
1個216円

売店にはやんばるエリアのおみやげが充実。タピオカ粉を使用したもっちり食感のドーナツは、きび糖、ココナッツミルクでやさしい甘さに仕上がっています。

揚げたてのおいしいことよ涙。

シーズンごとのフレーバーも100%天然。で、全部ウマイ。→

H

今帰仁の駅 そーれの
サーターアンダギー
400円（5個入り）

地元のお母さんたちだけで切り盛り。個人的に過去最高においしいと思ったのがこの揚げたてサーターアンダギー。時期によってフルーツ入りのものも。

D

丸一食品のいなり2個・チキン2個セット 460円

いなり寿司とチキン!?という驚きの組み合わせですが、ガーリック風味のフライドチキンに薄味でさっぱりしたいなり寿司がドンピシャの相性のよさです。

いなり&チキン!? これがBESTコンビなのです。

F

しまドーナッツの
ドーナツ
1個200円～

「子どもたちにも安全でおいしいものを」と、材料にこだわったドーナツを販売。島豆腐のおからと豆乳でできたドーナツは素朴な味わいで、どこか懐かしさも感じます。かわいいペイントの古民家が目印。

{素朴。そしてカワユス。}

Ⓐ 西南門小カマボコ屋
にしへーじょうぐわーカマボコや

南部 MAP P.169 B-3 ☎098-995-1512 🏠糸満市西崎町4-19（お魚センター内）🕘9:00～17:00（土・日曜は～18:00）🔒木曜 🚗豊見城・名嘉地ICから約6km Ⓟあり

Ⓑ 元祖中本てんぷら店
がんそなかもとてんぷらてん

南部 MAP P.168 E-3 ☎098-948-3583 🏠南城市玉城奥武9 🕘10:30～18:00 🔒木曜（祝日の場合水曜）🚗南風原南ICから約10km Ⓟあり

Ⓒ タコス専門店メキシコ
タコスせんもんてんメキシコ

中部 MAP P.173 B-5 ☎098-897-1663 🏠宜野湾市伊佐3-1-3 1F 🕘10:30～18:00（売り切れ次第閉店）🔒火・水曜 🚗北中城ICから約5km Ⓟあり

Ⓓ 丸一食品 塩屋店
まるいちしょくひん しおやてん

中部 MAP P.173 C-3 ☎098-974-5550 🏠うるま市字塩屋494-6 🕘9:00～売り切れ次第閉店 🔒月曜 🚗沖縄南ICから約10km Ⓟあり

Ⓔ GOZZA
ゴッサ

西海岸リゾート MAP P.173 B-1 ☎098-923-3137 🏠恩納村山田2427 🕘8:00～18:00 🔒火・水曜 🚗石川ICから約6km Ⓟあり

Ⓕ しまドーナッツ

美ら海水族館周辺 MAP P.176 E-4 ☎0980-54-0089 🏠名護市伊差川270 🕘11:00～15:00（売り切れ次第閉店）🔒祝日 🚗許田ICから約10km Ⓟあり

Ⓖ 道の駅 ゆいゆい国頭
みちのえき ゆいゆいくにがみ

やんばる MAP P.178 D-3 ☎0980-41-5555 🏠国頭村奥間1605 🕘9:00～18:00（レストランは11:00～16:30）🔒無休 🚗許田ICから約35km Ⓟあり

Ⓗ 今帰仁の駅そーれ
なきじんのえきそーれ

→P.63

Ⓘ 丸吉食品
まるよししょくひん

→P.35

Ⓒ
タコス専門店メキシコのタコス 740円（4ピース）

メニューはタコスのみを貫く老舗店。揚げたての自家製トルティーヤはもっちりとしていて、毎日仕込まれるサルサソースがアクセントに。

Ⓐ
西南門小カマボコ屋のばくだんおにぎり 各220円～

漁業が盛んな糸満で、創業100年を超える老舗。おにぎりに魚のすり身を巻いて揚げた、斬新なアイデアは、漁師が海の上で片手で食べられるものを考え生まれたんだとか！

Ⓘ
丸吉食品のカニもずく天ぷら450円

浜比嘉島の港を眺めながら、漁師のお父さんが捕ったカニやもずくを使った天ぷらを。もずくの磯の香が口いっぱいに広がり、カニの風味がごちそう感を演出します。

Ⓑ
元祖中本てんぷら店の天ぷら 1個100円～

うちなんちゅの小腹を満たす、沖縄風天ぷらのお店。旬の魚やもずく、イカの天ぷらは1個100円前後でお手頃プライス。ただし毎日数量限定なので売り切れには要注意！

うちなー Tips&Memo

海遊びに世界遺産めぐりと、沖縄旅行で外せない
王道コースだからこそしっかりお勉強。

Snorkeling

シュノーケリングするならどこの海がBESTか問題

ただの海水浴ではなく、熱帯魚ウォッチのシュノーケルとなるとおすすめはこの2つ。

潮流が早い所
もあるので
要注意！
Bisezaki

Gorilla chop
閉門時間に
注意して！

泳がずとも熱帯魚ウォッチができる

備瀬崎

びせざき

美ら海水族館周辺 MAP P.177 C-2 ☎0980-48-2371(備瀬区事務所) 🏠本部町備瀬 🕘遊泳自由 🚗許田ICから約31km Ⓟあり(有料) 監視員×

備瀬のフクギ並木を抜けた先に現れるシュノーケルスポット。目の前の小さな島との間で熱帯魚が見られます。おすすめは干潮の2時間前後。岩場が多いのでマリンシューズを着用して。

ダイビング＆シュノーケルSPOT

ゴリラチョップ

美ら海水族館周辺 MAP P.177 C-4 🏠本部町崎本部緑地 🕘遊泳自由 🚗許田ICから約22km Ⓟあり 監視員×

海に向かってゴリラがチョップしているように見える岩が目印。ここではツノダシやシマヤッコに出合えます。崎本部緑地公園のトイレやシャワー(有料)を利用しましょう。

Tour

異国情緒あふれる那覇の裏路地を散策

2021年にオープンしたOMO5沖縄那覇。街をディープに楽しむサービスやお茶目な仕掛け満載のホテルステイを提案しており、宿泊者が無料で参加できる「裏国際通りさんぽ」なるツアーを開催。迷路のように入り組んだ商店街で、いままで知らなかった那覇の魅力を探しましょう。

OMO5沖縄那覇 by 星野リゾート

オモファイブおきなわなは バイ ほしのリゾート

那覇 MAP P.181 A-2 ☎050-3134-8095(OMO予約センター) 🏠那覇市松山1-3-16 🚗ゆいレール県庁前駅から徒歩約6分 Ⓟあり IN15:00 OUT11:00 ●料金／1泊1室1万6000円～ ●客室数／190

※ツアー参加は宿泊者限定。月～土曜16:00～17:00開催。ホテル公式HPで前日22時までに要予約 URL hoshinoresorts.com/ja/hotels/omo5okinawanaha/

Mega ZIP

海へひとっ飛び！

海上を滑走する日本初のジップライン。スリルと海のパノラマビューが味わえるのはここだけ。

海風を浴びながら、大ジャンプ！

PANZA沖縄

パンザおきなわ

西海岸リゾート MAP P.175 B-1 ☎050-5236-7750 🏠恩納村冨着66-1(シェラトン沖縄サンマリーナリゾート内) 🕘受付時間9:00～12:00、14:00～17:00 🔒無休(天候により中止の場合あり) ¥メガジップ2750円 🚗石川ICから約6km Ⓟあり(有料)

World Heritage

世界遺産をおさらい

沖縄に9つある世界遺産は、琉球王国の文化や信仰形態の独自性が認められ、2000年に登録されました。各スポット間は距離があるため、エリアごとの観光スポットとあわせてめぐりましょう。

見るべき度 ★★★

首里城公園《しゅりじょうこうえん》

1429年の琉球統一後は政治の拠点、国王の居城として使われました。城壁や建造物には、琉球王国時代の様式が見られます。

MAP P.171 C-3

見るべき度 ★★★

園比屋武御嶽石門《そのひゃんうたきいしもん》

守礼門のすぐ近くにあり、石門の後方の森は聖地とされています。

MAP P.171 C-3

見るべき度 ★★★

識名園《しきなえん》

回遊式庭園の琉球王家の別邸。池に浮かぶ中国風東屋が美しい。

MAP P.171 C-4

見るべき度 ★★★

中城城跡《なかぐすくじょうあと》

多くの遺構がほぼ原形のまま残り、「難攻不落」と称された城。

MAP P.173 B-5

見るべき度 ★★★

座喜味城跡《ざきみじょうあと》

要塞として築かれたグスクで、沖縄最古のアーチ門が残ります。

MAP P.173 A-2

見るべき度 ★★★

玉陵《たまうどぅん》

琉球の第二尚氏歴代国王が葬られる陵墓は、宮殿のよう。

MAP P.171 C-3

見るべき度 ★★★

斎場御嶽《せーふぁうたき》

琉球王国最高の聖地。2つの巨岩が支えあう圧倒的な景観。

→P.27

見るべき度 ★★★

勝連城跡《かつれんじょうあと》

標高100mの丘陵地から中城湾を一望。阿麻和利が居住した城。

MAP P.172 D-4

見るべき度 ★★★

今帰仁城跡《なきじんじょうあと》

龍のように山麓を這う城壁と遠くに海を望む景観の美しさが特徴。

MAP P.176 D-2

⚠ CAUTION!

☑ 58号線の渋滞おそるべし

慢性的な渋滞で有名な58号線も、朝と夕方は特にひどい！ 迂回ルートがある場合は迷わずそちらをチョイス。

☑ 「女心と沖縄の空…」天気予報はあてにしない

変わりやすい沖縄の天気。当日の天気予報でさえあてにならないので、雨雲レーダーを見るのが正確かも。

☑ レンタカーは空港戻しがベスト

滞在時間を無駄にしないため、レンタカーの空港戻しが可能なら迷わず選んで。1時間程度は余分に遊べるはず。

YACHIMUN CAFE&ZAKKA

沖縄の器の魅力を伝える老舗カフェ&ショップへ

器好きなら、オーナーセレクトの沖縄の作家の器で、県産野菜をふんだんに使った料理をいただけるカフェへ。同ビル3階にある系列の器店にも立ち寄って。

mofgmona
モフモナ

中部 MAP P.170 D-1 ☎098-893-7303 宜野湾市宜野湾2-1-29 ⏰11:00～21:30(要確認) 不定休 🚗西原ICから約3km Ⓟあり

1 白を基調にしたおしゃれな店内 2 ランチの人気メニュー、本日のごはんプレート1573円

活気が戻った夜の国際通り。コロナ禍を経たからこそ、おみやげ屋を覗きながら雑踏を歩くだけでワクワクする

Okinawa the best time

AT

Night

18:00 - 22:00

夜の帳が下りたら、ここからが本番！ 郷土料理に泡盛飲み比べ、地ビール酒場にブランド豚と、食べるべき、飲むべきものが多すぎて、1晩1食では足りないというなんとも幸せな悩みが。頑丈な胃袋で、グルメな夜に挑むべし！

Best time!

18:00 沖縄料理＝うりずんがテッパン

ビギナーがいるなら問答無用。

これが
ベストメニュー

1 ドゥル天
713円

2 イカスミ焼きそば
1188円

3 ゴーヤーチップス
594円

4 ナーベラーンブシー
594円

5 ジーマーミ豆腐
594円

6 スクガラス豆腐
357円

7

1 人気No.1。里芋に似た沖縄の芋、田芋に豚肉やしいたけを合わせ揚げた 2 コクのあるイカスミがいい 3 ゴーヤーをカラリと揚げて 4 ヘチマを豆腐と一緒に味噌で煮込んだ 5 食感がクセになる 6 アイゴの稚魚、スクの塩漬けを島豆腐にのせて

初日の夜は直行。言わずと知れた名店へ

初めて沖縄を訪れてから、何度こののれんをくぐったか。沖縄の食文化や古酒（くーす）の魅力をどれだけここで教わったか知れません。

栄町のランドマーク的な存在となっているうりずんは、「古酒の番人」と言われた土屋實幸さんが1972年に創業。当時米軍が持ち込んだウイスキーに押されていた泡盛文化を地道に復活させ、甕古酒のおいしさを伝え続けました。

沖縄初上陸のビギナーさんなら問答無用。リピーターだって、古酒の奥深さをとことん追求したいなら、「うりずん詣で」は避けて通れません。

泡盛に合わせる料理も、沖縄の家庭料理から宮廷料理、創作料理まで、伝統を大

★★★ もし満席だったら徒歩1分の場所にある姉妹店、泡盛と海産物の店 ぱやお（→P.128）に行ってみて。こちらでもうりずんの甕古酒が味わえます。

8

7 人気店ゆえ予約がベター 8 料理をよそう皿や泡盛を入れるカラカラなどはやちむん

切にしながらもここでしか味わえないオリジナリティあふれるものばかり。

年月を経るごとに旨みを増す古酒のように、うりずんというお店もまた、魅力を増し続けているよう。

いまもそこかしこに土屋さんの郷土愛を感じられ、何度訪れても初めて知る沖縄の一面を見せてくれます。

泡盛と琉球料理 うりずん
あわもりとりゅうきゅうりょうり うりずん

泡盛文化の立役者的居酒屋

県内酒蔵所の泡盛を全て扱い、それぞれの個性的な味わいが楽しめる老舗居酒屋。ブレンドした泡盛を甕で寝かせて熟成させた古酒も。

那覇 MAP P.180 F-2 ☎098-885-2178
那覇市安里388-5(栄町市場内)
17:30 ～ 23:30 無休 ゆいレール安里駅から徒歩約1分 Ⓟなし

町の愛され名店で

県産食材のお品書き

- あぐー豚のパテ ド カンパーニュ　750円
- フムスとやんばるグリル野菜　900円
- 県産マグロのレアカツ 焼き茄子のソース 1300円

※季節により内容は変動

1 東京のレストランで研鑽を積んだシェフが腕を振るう 2 建築士こだわりのトタン屋根 3 ナチュラルワインのほか、県産クラフトビールや泡盛も 4 料理のポーションは約2人前と大ボリューム！

シェフの手で地産食材が感動の一皿に変身！

独自の気候や風土、かつエネルギッシュな南国特有の自然の中で育まれる食材の強烈なパワーを取り込むと、沖縄の自然に敬服せざるをえません。最近は県産食材をシェフ自身のキャリアと掛けあわせ、新たな食材の魅力を引き出すお店が増えていて、嬉しい限り…。tutanで、やんばる野

tutan

トゥタン

トタン屋根が目印。屋我地島に佇むビストロ

フルリノベされた古民家の温かな雰囲気の中、やんばるの食材を中心とした県産の旬な食材をふんだんに使ったビストロ料理を味わえます。ナチュラルワインと共に楽しんで。

美ら海水族館周辺 MAP P.176 E-3 ☎ 0980-52-8039 名護市運天原527 17:30～23:00 (L.O.22:00) 不定休 許田ICから約20km Ⓟあり

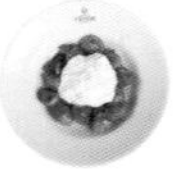

Best time!

県産素材と腕利きシェフの運命的な出合い。

18:00 肩肘張らない地産地消を、

2

3

4

1

県産食材のお品書き

- 夜光貝と自家製本鮪のカラスミのパスタ 3200円
- 県産苺、ビーツ、トマトとストラッチャテッラ 2600円

1時間をかけて旨みを引き出した夜光貝は驚くほどやわらか。ストラッチャテッラは季節によりフルーツが変わる 2 4ピッツァはシンプルに2種類。厚みを均一にせず、生地そのもののおいしさを味わえる 3予約必須の人気店

BACAR OKINAWA

バカールオキナワ

独創的なイタリアンの〆は絶品ピッツァ

中目黒の「聖林館」で腕を磨いた仲村氏によるリストランテピッツェリア。2020年にはイタリア料理の名店「アルドール」のシェフが合流し、ますます予約が取れない人気店に。

那覇　MAP P.181 B-3 ☎098-863-5678 那覇市久茂地3-16-15 17:00～22:15(L.O.20:30) 火・水曜、不定休(Instagram・facebook参照) ゆいレール県庁前駅から徒歩約5分 Ⓟなし

菜の濃い味わいや県産食材のパテやマグロの力強いおいしさに感動し、BACAR OKINAWAで、珍しい地元食材がシェフの遊び心で華麗な一皿に変身する様に驚く（〆のピッツァはマストでオーダー！）。ワインと共においしいビストロ料理やイタリアンをいただきながら、沖縄の懐の深さをしみじみ感じましょう。

1 さしみ盛り合わせ2400円(3人前) 2 ライブ感満載のディスプレイ

なかむら家
なかむらや

地元客多めの実力派

料理長が市場でその日仕入れた新鮮な魚がカウンターに並ぶ様子は壮観。近海の魚をバター焼きやマース煮など好みに合わせて調理してくれます。

那覇 MAP P.181 B-3 ☎098-861-8751 那覇市久茂地3-15-2 17:00～翌0:00(L.O.21:40) 日曜、祝日 ゆいレール県庁前駅から徒歩約4分 Ⓟなし

これが夜のごちそう。

本当はおいしいの知ってる？

意外と繊細な味わいのカラフルな島魚を賞味！

南国の魚は極彩色の派手な見た目と裏腹に、お味は意外と淡白。だからこそ島魚にとって、腕のいい料理人に出会えるかどうかが運命の分かれ道。シンプルだからこそ腕のよしあしが如実に現れるマース煮や、絶妙な火入れでふっくらやわらかな身に仕上げるバター焼きなど、調理次第で上品なごちそうになる島魚の実力をとくとご賞味あれ。

1 刺身盛り合わせ(2人前)2200円とゴーヤちゃんぷる～660円ほか 2 小上がり席は広々

泡盛と海産物の店 ぱやお
あわもりとかいさんぶつのみせ ぱやお

栄町市場にある人気居酒屋

沖縄近海で捕れた魚を、新鮮なうちに自慢の刺身やあら煮に調理。一般酒から古酒まで泡盛の種類も豊富です。

那覇 MAP P.180 F-2 ☎098-885-6446 那覇市安里379-11(栄町市場内) 17:00～23:00 無休 ゆいレール安里駅から徒歩約3分 Ⓟなし

★★★ ランチタイムにおいしい魚を食べるならEightman's SEABURG(→P.61)へ。魚を使ったバーガーが人気です。

1 地魚の刺身七種盛り1880円（2人前）、一本魚をバター焼きなど好みの調理法で。1280円～、ジーマーミ豆腐420円、ゴーヤーチャンプルー 680円 2 3階まであり、さまざまなタイプの席がある

海のちんぼらぁ

うみのちんぼらぁ

魚も野菜も、沖縄産

八重山から届く鮮魚のほか、契約農家から届く島野菜、国産大豆使用の島豆腐など、島の素材にとことんこだわる地産地消居酒屋。泡盛の品揃えもピカイチ！

那覇 MAP P.171 B-3 ☎098-863-5123 那覇市前島2-13-15 17:30～翌0:00(L.O.23:00) 旧盆 ゆいレール美栄橋駅から徒歩約7分 Ⓟなし

お魚のこと、ちゃんと知ってもっとおいしく

1 島魚本来のおいしさを味わうならマース煮で

マース（塩）と酒だけで煮る漁師料理で、沖縄で昔から親しまれる調理法。素材がよければこれが一番。

2 糸満漁民食堂の「しびれ醤油」は島魚と相性抜群

味がぼんやりしがちな島魚の刺身の、一番の相棒はコレ！ 花椒《ファージャー》油《ユ》と醤油が味をぐっと引き立てます。

3 沖縄のノドグロ!?「アカジンミーバイ」は必食

沖縄の最高級魚で、白身でありながら脂がのりとろける味わい！ 見かけたらオーダーしてみて。

Best time!

18:00 ブランド豚だけじゃない。うちなーの魚

糸満漁民食堂

いとまんぎょみんしょくどう

糸満漁港近くのオシャレ食堂

琉球石灰岩を積み上げた壁がスタイリッシュ。朝捕れの魚を使った定食が、昼も夜もリーズナブルに味わえます。

南部 MAP P.169 B-3 ☎098-992-7277 糸満市西崎町4-17 11:30～14:30、18:00～21:00 最終月曜のディナー、火曜 豊見城・名嘉地ICから約6km Ⓟあり

1 食堂らしからぬ洗練された空間 2 定食に付く前菜とデザート 3 本日のイマイユ バター焼き定食。ランチ1650円～、ディナー2090円（時価）。魚により価格が異なる

一大リゾートエリアの重大な問題、これにて落着

リゾートホテルが林立する恩納村。夜ごはんはホテル近くで…と探してみるものの、58号線沿いの店はどこも「ザ・観光客向け」といった趣。地元民御用達の夕食スポットはいずこに? 来沖のたびに私自身もこの悩みにぶち当たり、得た結論は2つ。

1つ目は「ホテルのダイニングが意外とコスパがよく、味ももちろん文句なし!」というもの。大衆居酒屋よりは値は張るものの、サービス、味、シチュエーション(そして意外とボリュームも)をトータルで考えれば、これがベスト。まさに「灯台下暗し」です。

そして2つ目。滞在ホテルが恩納の南側ならば読谷村、恩納の北側なら名護市内へ向かうべし。割安でちゃんとおいしい、地元民御用達の店でゆんたく(おしゃべり)を楽しみましょう。お酒を飲んだら、運転代行を頼んで。人数で割ればお安く済みます。

Best time!

19:00 Q. リゾートエリアで、ちゃんとおいしいごはん。恩納の夜の正解が知りたい

AT Night (18:00-22:00)

A1. 安定感バツグン。意外と使い勝手◎のホテルダイニング

Ⓐ ダイニング グスク

優雅にハイレベルな沖縄料理を

沖縄料理をはじめ和洋多彩な料理が味わえるカジュアルなオールデイダイニング。毎週火・木・土曜は三線のライブも。

西海岸リゾート MAP P.174 D-2 ☎0980-43-5555 名護市喜瀬1343-1 ザ・リッツ・カールトン沖縄3F 7:00～10:30(朝食)、11:00～16:30(ランチ)、17:00～21:30L.O.(ディナー) 無休 許田ICから約5km Ⓟあり

Ⓑ 海風《うみかじ》

海鮮&ブランド豚で乾杯!

海の幸やあぐーを炭火焼でいただきます。特に魚介は近隣の漁港の競りで仕入れた新鮮さが自慢!

西海岸リゾート MAP P.175 A-3 ☎098-965-0707 恩納村山田3425-2 ルネッサンスリゾート オキナワ 海上レストラン 17:00～23:00 日曜 石川ICから約4km Ⓟあり

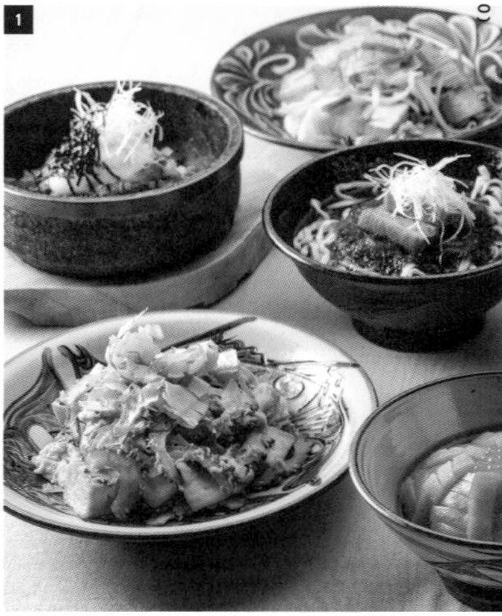

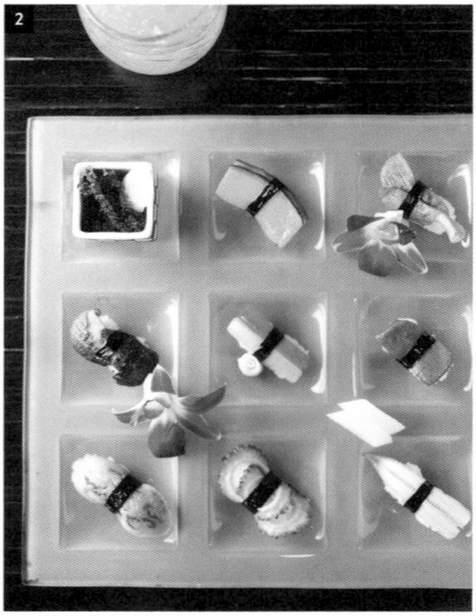

1 オリジナル石焼きタコライス2500円、グスク鉄火丼4200円などⒶ 2 丁寧に下ごしらえされた、野菜寿司盛り合わせ2600円(9種)Ⓐ
3 4 セミ海老や伊勢海老、あぐーなど豪華食材を炭火焼でⒷ 5 巨大な水槽が設えられ、まるで海の中にいるようⒷ

★★★ お酒を飲んだらお店で運転代行を頼んでもらいましょう。沖縄は運転代行文化が根づいているからタクシーよりも気軽に利用できます。

6 7 8 9 10 11 12 13 14 15 16 17 18 **19** 20 21 22 23 0

A2. 北側なら名護。南側なら読谷へ逃げる

読谷 YOMITAN

Ⓒ 膳《ぜん》 -ZEN-

沖縄料理×ワインの新感覚

読谷を中心とした島素材の沖縄創作料理を。ワインと沖縄料理の斬新なマリアージュを楽しめます。

西海岸リゾート MAP P.173 A-1 ☎098-958-0555 🏠読谷村瀬名波628 🕘17:30～21:00 🔒火曜、不定休 🚗石川ICから約15km Ⓟあり

Ⓓ mintama《ミンタマ》

古民家で本格イタリアン

温もりある古民家でいただくのは、近くの漁港から仕入れる新鮮魚介を使った絶品イタリアン。

西海岸リゾート MAP P.173 A-1 ☎098-958-6286 🏠読谷村長浜1787-2 🕘18:00～22:00 🔒日曜 🚗沖縄南ICから約15km Ⓟあり

1 (写真上から)素揚げした読谷の紅芋がのった、よみたんサラダ990円、県産豚のやわらかラフテー1100円～Ⓒ 2 訪れる際は予約を入れてⒸ 3 県産食材のイタリアンとピザを賞味あれⒹ 4 オーナーの住まいの古民家を改築Ⓓ

名護 NAGO

Ⓔ 島豚七輪焼 満味《しまぶたしちりんやき まんみ》

島豚のおいしさをダイレクトに!

臭みなど一切なく、その食感とあふれる旨みに驚くやんばる島豚の焼肉。炭火の遠赤外線で焼くから、豚の焼肉のイメージを覆すみずみずしさ!

→P.132

Ⓕ ゆきの

地元民太鼓判、名護の名店

食堂としても居酒屋としても、寿司屋としても使えるので、滞在中一度は訪れます。とにかくメニューが豊富で、どれもがおいしく、ボリューム満点。

美ら海水族館周辺 MAP P.176 D-5 ☎0980-52-3486 🏠名護市宮里450-8 🕘17:00～23:00 🔒水曜 🚗許田ICから約9km Ⓟあり

1 ゴーヤーチャンプルー650円、もずく天ぷら700円などⒻ 2 寿司から定食までとにかくメニューが幅広いⒻ 3 特にホルモンのおいしさは目を見張る。やんばる島豚が育つ環境がいいだけでなく、店の仕込みの丁寧さの賜物Ⓔ 4 お店の人が焼いてくれるカウンター席がおすすめ!Ⓔ

1

2

1 島豚とホルモンの盛り合せ1人前1950円～(写真は2人前) 2 やんばる野菜のスパイシー味噌ディップ950円

人気店のため予約がベター

島豚七輪焼 満味

しまぶたしちりんやき まんみ

仕込みの丁寧さが光る名店

鮮度にこだわり、やんばる島豚をやんばるの地で提供。炭火で焼かれるホルモンは「豚肉」の概念を覆す食感。野菜や調味料も極力やんばる産を使用。地元愛にあふれたお店です。

美ら海水族館周辺 MAP P.176 E-5 ☎0980-53-5383 名護市伊差川251 ⏲17:00～22:30(L.O.22:00)※ランチは近日再開予定 🔒日・月曜 🚗許田ICから約10km Ⓟあり

脂の旨みを感じるなら

島豚焼肉

AT Night (18:00-22:00)

それぞれの部位の食感や旨みのベストなタイミングを見逃さず、驚きの食体験を！

Best time!

19:00

鳴き声以外、まるごといただきます。

豚のポテンシャル、最大限に出てる2軒

脳まで溶けそう…甘美なブランド豚で最後の晩餐

沖縄の人たちは、豚肉の食べ方が本当にうまい。チーイリチャーに中味汁、ミミガー和えにチラガー等々。「鳴き声以外食べられる」という言葉に、命をいただくからこその感謝が込められている気がします。

沖縄を代表する在来種、アグーの特徴は、なんと言っても脂のおいしさ！ うま味成分が豊富で低コレステロールという文句なしの肉質です。満味や豚とん拍子などで提供されるやんばる島豚はアグーと黒豚の子で、どちらの豚の長所も生かしたブランド豚。歯切れのいい肉の食感もたまりません。

沖縄の自然の中で育った豚を鮮度抜群の状態で食べるのは、内地にいては難しい。「わざわざ沖縄で食べるべき」ごちそうなのです。

★★★ 中味汁やてびちなどの沖縄らしい豚肉料理は、レトルト食品としてスーパーなどでも販売。自宅で沖縄の味が楽しめます。

繊細な旨みを感じるなら

豚しゃぶ

やんばる島豚あぐーセット3281円。精肉店で働いていた店主が、豚肉を自ら手切り。スライスにかける時間や温度など、精度の高い肉の品質管理は職人技

島しゃぶ屋「豚とん拍子」

しましゃぶやとんとんびょうし

繊細な旨みの豚×海ぶどうの競演！？

豚肉の旨み、赤身と脂のバランスのよさから、おすすめはロース肉。まずは何もつけずに海ぶどうを巻いてそのまま。海ぶどうのほんのりとした塩気で、豚の旨みをダイレクトに感じられます。

美ら海水族館周辺　MAP P.176 E-5 ☎0980-43-9394 名護市東江4-18-1 17:00～22:30（前日までの完全予約制） 木曜 許田ICから約7km Ⓟあり

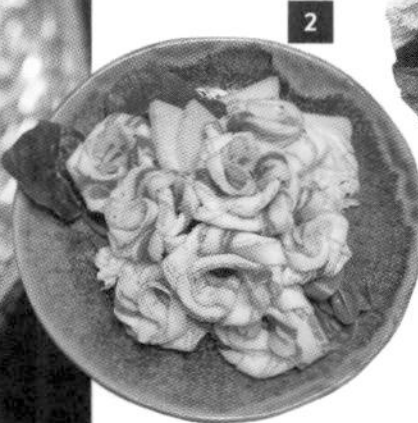

1 沖縄県産の車海老のしゃぶしゃぶ(1尾)660円 2 塩漬けの熟成肉、やんばるあぐースーチカー 1100円

やんばる食材のしゃぶしゃぶを

こちらの2軒もおすすめ！

島黒アグー 極しゃぶしゃぶセット1人前3780円（写真は2人前）は1日数量限定

やんばるダイニング 松の古民家

やんばるダイニング まつのこみんか

希少なアグー豚料理を堪能

希少なブランド豚「島黒《しまくろー》アグー」のしゃぶしゃぶが名物料理。古民家を改装したお店で席数が少ないので予約必須です。

美ら海水族館周辺　MAP P.177 A-4 ☎0980-43-0900 名護市大南2-14-5 17:30～22:00 日曜 許田ICから約8km Ⓟあり

料理はおまかせコース7500円～のみ。メインは紅豚や県産和牛から選べる

petite rue

プチット リュ

厳選肉をフレンチレストランで

夫婦が営むフレンチレストラン。紅豚や久米島の赤鶏、島野菜や近海魚などこだわりの食材を使った料理をコースでいただけます。

那覇　MAP P.181 C-5 ☎098-863-0716 那覇市松尾2-17-32 17:00～22:30 不定休 ゆいレール県庁前駅から徒歩約14分 Ⓟなし

DEEP ハシゴ酒

赤提灯に誘われて、迷路のような路地を彷徨う夜もまた一興。うちなー御用達の酒場でDEEPな夜を過ごしましょ。

VS 牧志

4

1

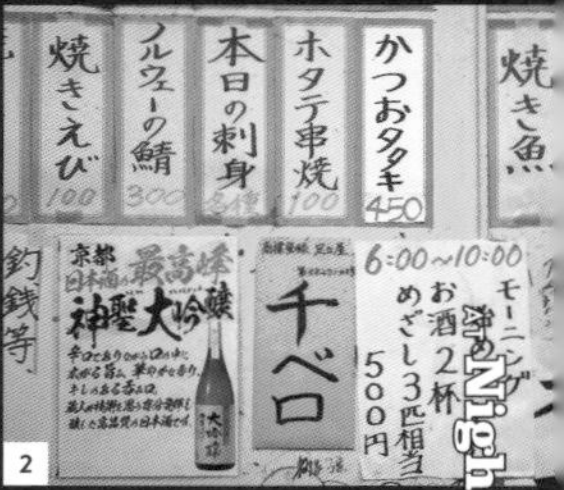

2

3

牧志
まきし

千円握りしめてGO！

公設市場裏側の一帯は、夜になるとローカルが集う酒場へと一変。千円でベロベロになれる千ベロ酒場の激戦区です。

1 もともとパーラーだった場所にオープンしたパーラー小やじ。昭和レトロな雰囲気が居心地◎ 2 どのメニューも300～400円台 3 お酒3杯と串揚げ4本で1000円という破格のプライス！（2 3 共に足立屋）4 夜は静かな公設市場周辺も足立屋周辺は賑やか

大衆串揚酒場 足立屋
たいしゅうくしあげさかば あだちや

牧志「千ベロ」ブームの火付け役

三重県四日市直送のハマグリ1個50円

朝から営業し、外まで人があふれる牧志のランドマーク的居酒屋。千円でお酒3杯におつまみが付く、まさに「千ベロ」の聖地！

那覇 MAP P.180 D-4 ☎098-869-8040 那覇市松尾2-10-20 1F 10:00～22:00 無休 ゆいレール牧志駅から徒歩約10分 Ⓟなし

パーラー小やじ
パーラーこやじ

沖縄らしからぬ料理でほっこり

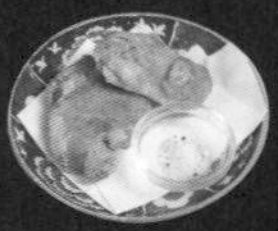

看板メニューの豚足唐揚げ500円

パーラーのようにふらっと立ち寄れる小料理屋。地元客が多いため、あえて「脱・沖縄料理」をテーマに、全品お店で丁寧に仕込みます。

那覇 MAP P.181 C-3 ☎098-860-8668 那覇市松尾2-11-8 15:00～22:00 不定休 ゆいレール牧志駅から徒歩約10分 Ⓟなし

★★★ 大衆串揚酒場 足立屋は22時まで営業。そのあとも引き続き飲みたい時は近くに2号店があるのでそちらも利用して

Best time!
20:00

昭和レトロな市場？ それとも千ベロ酒場密集の牧志？

栄町市場VS夜の牧志

2

3

4

栄町市場

1

栄町市場《さかえまちいちば》

赤提灯目指して路地を彷徨う

昼は商店、夜は飲み屋が賑わう市場。不安になるくらいの細い路地に、地元民御用達の酒場が点在しています。

1 おとんの店主とのトークを楽しみに訪れる常連が多数 2 怪しげな路地に名店アリ 3 市場の中でひと際賑わうべんり屋。焼きたての餃子は中から肉汁があふれ出す 4 おとんのメニューは沖縄を意識しすぎないラインナップ。青菜ナムル350円

べんり屋 玉玲瓏《べんりや いうりんろん》

栄町市場イチの行列店

中国出身の奥さんが作る餃子や小籠包を目当てに行列ができることもある人気店。台湾のような屋台風の軒先でできたてを味わって。

那覇 MAP P.180 F-2 ☎098-887-7754 ⌂那覇市安里388(栄町市場内) ⏲17:00～23:00 🔒日曜 🚗ゆいレール安里駅から徒歩約3分 Ⓟなし

もっちりした皮の焼餃子770円

おとん

関西弁店主との痛快トーク

細い路地のさらに奥に、金曜と土曜しか営業しない個性派の居酒屋が。店主の軽妙なトークをつまみに、自家製コーヒー泡盛が進みます。

那覇 MAP P.180 F-2 ☎090-9049-1723 ⌂那覇市安里379-21(栄町市場内) ⏲金・土曜の18:00～翌0:00 🔒日～木曜 🚗ゆいレール安里駅から徒歩約3分 Ⓟなし

軟骨ソーキポン酢450円

ショッピング＆食べ歩きはメインストリートのみ

那覇市内でも国際通り以外のお店の閉店は意外と早いので、行動範囲を国際通りに絞って、20時から2時間が勝負！

Best time!
20:00

国際通りは"夜攻め"が正解

22時がタイムリミット。この時間、沖縄で最も賑やかな場所へ。

AT **Night** (18:00-22:00)

Ⓐ 海想 平和通り店《かいそう へいわどおりてん》

CLOSE 19:00

沖縄の「いいもの」が集結

沖縄の作家もの、衣料品、アクセサリーなどが集まるほか、オリジナルグッズもかわいい。

那覇 MAP P.180 D-3 ☎098-862-9228 那覇市牧志3-2-56 10:00～19:00(時期により変動あり) 不定休 ゆいレール牧志駅から徒歩約7分 Ⓟなし

沖縄らしい柄のマステ 各495円

ヨットのセイルクロスバッグ 3960円

Ⓕ 国際通り屋台村《こくさいどおりやたいむら》

沖縄フードを食べ比べ

沖縄ならではの食を提供する20の屋台が集結。離島マルシェ、エイサーなどのショーステージもあります。

那覇 MAP P.180 D-2 ☎なし 那覇市牧志3-11-16、17 12:00～閉店時間は店舗により異なる 無休 ゆいレール牧志駅から徒歩約4分 Ⓟなし

オリオン通り、竜宮通りからアクセス！

グルメは国際通りの路地裏攻め

「ザ・観光客向け」ではない良店を探すなら、国際通りから一本路地に入ってみて。賑やかさ重視なら屋台村がベスト。

紅イモタコス(2P) 500円

CLOSE 23:00

村咲《むらさき》

紅芋×メキシカンの出合い

紅イモを練り込んだトルティーヤのタコスをあてにセンベロを楽しめます。

那覇 MAP P.180 D-2 ☎070-5693-9338 17:00～23:00 木曜

琉球ネオ酒場ららら《りゅうきゅうネオさかばららら》

CLOSE 翌0:00

ブランド豚に舌鼓！

県産豚料理の専門店。豚を使ったおつまみ系メニューが種類豊富に揃っています。

那覇 MAP P.180 D-2 ☎080-1760-5993 12:00～ 翌0:00 不定休

テビチの唐揚げ 780円

★★★ 昼は賑やかな那覇周辺も、夜は国際通りから離れると暗い道も多く、深夜の一人歩きは避けましょう。

6 7 8 9 10 11 12 13 14 15 16 17 18 19 20 21 22 23 0

リゾートサンダル
各2310円

CLOSE 20:00

E Splash okinawa 2号店《スプラッシュ オキナワ にごうてん》

リゾートムードが満載！

貝殻やヒトデなど、海モチーフの雑貨がずらり。沖縄の海を思い出させてくれるはず。

那覇 MAP P.181 B-4 ☎098-988-1238 🏠那覇市松尾1-3-1 ⏲10:00～20:00 🔓無休 🚗ゆいレール県庁前駅から徒歩約5分 Ⓟなし

黒糖と紅イモのアイス
640円

CLOSE 22:30

D ブルーシール国際通り店《ブルーシールこくさいどおりてん》

デザートはアイスで決まり

沖縄アイスといえばブルーシール。多彩なオキナワンフレーバーには塩ちんすこう味も！

那覇 MAP P.181 C-3 ☎098-867-1450 🏠那覇市牧志1-2-32 ⏲10:00～22:30(夏季は～23:00) 🔓無休 🚗ゆいレール県庁前駅から徒歩約10分 Ⓟなし

沖縄タコス(2P)
700円

CLOSE 20:30

C jam's TACOS 国際通り店《ジャムズタコス こくさいどおりてん》

塩で食べる新タコス

塩をかけて食べる新感覚のタコスは、しっかり味が付いていてクセになります。

那覇 MAP P.180 D-2 ☎070-9053-2109 🏠所那覇市牧志2-4-14 カカズ産業国際通りビル3F ⏲11:00～14:30、17:00～20:30(月曜は昼のみ) 🔓火曜 🚗ゆいレール牧志駅から徒歩約4分 Ⓟなし

てぬぐい
1100～1419円

CLOSE 21:00

B KUKURU 市場店《ククル いちばてん》

カラフルな雑貨に目移り

琉球モチーフを取り入れた布雑貨を販売。手ぬぐい、風呂敷などはおみやげにぴったり。

那覇 MAP P.181 C-3 ☎098-863-6655 🏠那覇市松尾2-8-27 ⏲9:00～21:00(変動あり) 🔓無休 🚗ゆいレール牧志駅から徒歩約10分 Ⓟなし

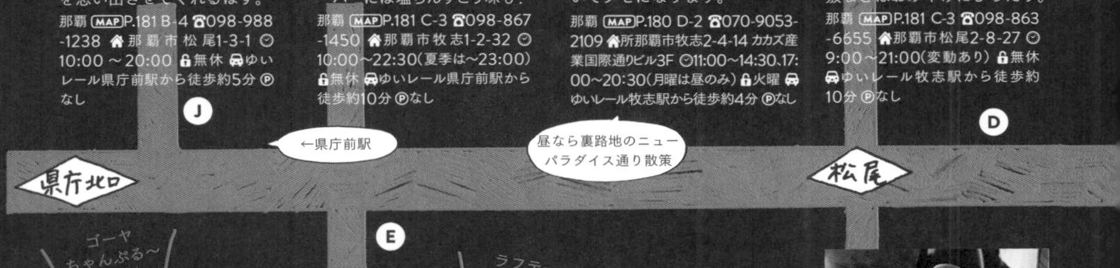

750円

CLOSE 22:00

J 家庭料理の店 まんじゅまい《かていりょうりのみせ まんじゅまい》

創業40年以上の大衆食堂

沖縄の郷土料理が70種類以上揃っています。ボリューム満点で満足度も◎！

那覇 MAP P.181 A-1 ☎098-867-2771 🏠那覇市久茂地3-9-23 ⏲11:00～14:00、17:00～22:00(L.O.21:30) 🔓日曜 🚗ゆいレール美栄橋駅から徒歩約7分 Ⓟなし

ラフテー
790円

690円

CLOSE 22:30

I ゆうなんぎぃ

あんまーの味に癒される

1970年創業の「おふくろの味」が人気の沖縄料理店。一品料理が約50種類も！

那覇 MAP P.181 B-3 ☎098-867-3765 🏠那覇市久茂地3-3-3 ⏲12:00～14:30L.O.、17:30～21:30L.O. 🔓日曜、祝日 🚗ゆいレール県庁前駅から徒歩約4分 Ⓟなし

八重山そば
600円

CLOSE 翌0:00

H あんつく

ちょっとディープな沖縄を知る

石垣島から那覇に上陸。本場の八重山そばが〆にぴったり。時折、民謡ライブも楽しめます。

那覇 MAP P.180 D-3 ☎080-8354-8699 🏠那覇市牧志3-1-1 ⏲9:00～翌0:00 🔓不定休 🚗ゆいレール牧志駅から徒歩約8分 Ⓟなし

CLOSE 22:30

G 小桜《こざくら》

一日の〆には泡盛を

竜宮通りにある老舗居酒屋。県内全酒造の代表銘柄が揃うので、飲み比べしてみては？

→P.141

24H スーパー探検

の飾らない普段着の姿が垣間見られるのも魅力です。

沖縄そば、自宅で食べ比べ

2

1

4

3

1琉球そば平麺126円 2出汁付き沖縄そば180円 3丸麺の八重山そば127円 4細麺の宮古そば127円。そのほかやんばるそばもあり、地方によって麺のタイプが異なるのが面白い

6

5

8

7

5沖縄そばにのせるもよし、おかずとしていただくもよし。炙り軟骨ソーキ321円 6てびち入りの味噌汁298円 7オキハムのコンビーフハッシュ 235円 8チャンプルーに使えるタコス味のハッシュ148円

ちゃんとウマイをレトルトで

10

9

飲み物だってバリバリ沖縄スタイル

9沖縄のビールといえばオリオン188円 10ジャスミンの香りのさんぴん花茶515円

OMO5沖縄那覇のツアーで行くのはコチラ

フレッシュプラザユニオン前島店

フレッシュプラザユニオン まえじまてん

24時間営業のユニオンですから!

県内で約20店舗展開する24時間営業スーパー。前島店は那覇の中心地と思えないほどローカル感満載! 沖縄そばなど、ご当地食の品揃えはもちろん、お惣菜の安さも目を見張ります。

那覇 MAP P.171 B-3 ☎098-867-5006 那覇市前島2-6-1 24時間 無休 ゆいレール美栄橋駅から徒歩約2分 Ⓟあり

ほかにもまだある! 24Hスーパー

栄町りうぼう

さかえまちりうぼう

那覇 MAP P.180 F-2 ☎098-835-5165 那覇市安里388-6 24時間 無休 ゆいレール安里駅から徒歩約1分 Ⓟあり

★★★OMO5沖縄那覇のスーパーマーケットレンジャーでは、ちんすこうやさんぴん茶のメーカーごとの違いを図解してもらえます。

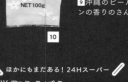

6 7 8 9 10 11 12 13 14 15 16 17 18 19 20 21 22 23 0

Best time!

0:00 - 23:59

最終日前夜に駆け込むべし！

ローカルすぎる

地方色が色濃く出るローカルスーパー。沖

テッパン菓子を夜な夜な大人買い

19

18

21

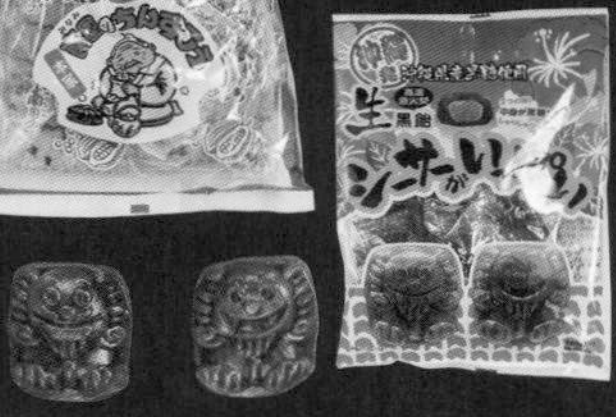

20

18ミニサイズでばらまきみやげにもいい味亀116円 19スッパイマン甘梅一番538円 20県産黒糖を使用した生黒飴。シーサー形がかわいい。137円 21南国のちんすこう334円

13

11

12

14

11減塩タイプなど種類も豊富なスパム482円 12ミッドランドランチョンミート267円 13オキコラーメン。4袋入り138円 14ローカルブランド、ぐしけんの健康パン243円

うちなー溺愛FOODをパケ買い！

調味料だってうちなー流

17

16

15

15タコライスやタコスに使えるHOTソース348円 16島唐辛子を泡盛に漬けた、沖縄そばのお供500円 17沖縄のステーキハウスでおなじみ。428円

OMO5沖縄那覇 by 星野リゾートの
「スーパーマーケットレンジャー」でいつものスーパーが倍面白い。

OMO5 沖縄那覇 by 星野リゾート
オモファイブ おきなわなは バイ ほしのリゾート

スーパーのマメ知識がてんこ盛り

ローカルスーパーで見かけるご当地食品について、ちょっとディープな話を聞きながらお買い物。知っているようで知らないトリビアの多さに驚くはず。

那覇　MAP P.181 A-2 ☎050-3134-8095(OMO予約センター) 那覇市松山1-3-16 ゆいレール県庁前駅から徒歩約6分 Ⓟあり IN15:00 OUT11:00 ●料金／1泊1室1万6000円～ ●客室数／190
※ツアー参加は宿泊者限定、毎日8:45～10:00開催、HPから前日22時までに要予約

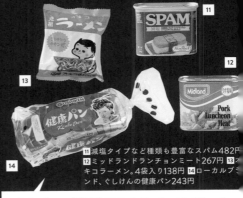

or 地ビール

沖縄ナイトの定番はもちろん泡盛ですが、
クラフトビール界も見逃せない盛り上がりぶり。

テイスターで好みを見つけて

2

1

Craft Beer Pub Beer Rize
クラフト ビア パブ ビアライゼ

沖縄クラフトビールの立役者

沖縄のほか全国のクラフトビールがタップで約11種類揃うクラフトビール専門のパブ。フードもビールとの相性を考えられたものばかり。

中部 MAP P.172 D-1 ☎098-911-2278 北谷町宮城1-464 1F 18:00～翌0:00(L.O.フード22:30、ドリンク23:30) 月曜 沖縄南ICから約5km Ⓟあり

1 ウォルフブロイ メルツェン1200円(550ml)、プレッツェル660円、自家製ソーセージ盛合せ2580円 2 飲み比べるほど奥深い

Naoko's
最新クラフトビール事情

沖縄には現在約10のブルワリーがあり、地の利を生かしたビール造りを行っています。外国人の多い北谷を中心にビアパブも増殖中！

クラフトビール。

2

3

1

CHATAN HARBOR BREWERY & RESTAURANT
チャタンハーバー ブルワリー アンド レストラン

ブルワリー併設のレストラン＆バー

ガラス越しのブルワリーや目の前の海に沈む夕日を眺めながら味わう、できたての「チャタンビール」が最高！

中部 MAP P.172 E-2 ☎098-926-1118 北谷町美浜53-1 17:00～22:00 無休 沖縄南ICから約6km Ⓟあり

1 南国テイストのクラフトビール(S)830円～、フレッシュムール貝のラガービール蒸し1850円(250g) 2 テイスティングセット1350円 3 南国ムード満点

★★★ カラカラとちぶぐゎ～のオーナーは夫婦揃って泡盛マイスターで、ご主人は泡盛情報誌の編集長を務めていたという、まさに泡盛博士。泡盛ビギナーは訪れてみて。

カラカラとは酒器のこと

Best time!

21:00 今日はどっち？泡盛

カラカラとちぶぐゎ～

県内全蔵元の銘柄が揃う

久茂地エリアにある泡盛バー。おちょこサイズで注文でき、初心者はもちろん、飲み比べをしたい人にもおすすめです。

那覇 MAP P.181 B-3 ☎098-861-1194 🏠那覇市久茂地3-15-15 ⏰18:00～23:00 🔒日曜 🚗ゆいレール県庁前駅から徒歩約5分 Ⓟなし

1 甕には古酒（くーす）が 2 海老の石垣島ラー油炒め850円など、沖縄ならではの創作料理が楽しめる

Naoko's 最新泡盛事情

ウイスキーに負けず劣らず熟成度合いでまったく異なる香りに変化するのが泡盛古酒。店主に好みを伝えて運命の一杯を見つけましょう。

やっぱり泡盛。

小桜

こざくら

創業60年以上の名居酒屋

国際通りから近く、観光客はもちろん地元客にも人気の老舗店。泡盛との相性を考えたメニューと、県内全蔵元の銘柄が味わえます。

那覇 MAP P.180 D-2 ☎098-866-3695 🏠那覇市牧志3-12-21 ⏰18:00～22:30 🔒火曜 🚗ゆいレール牧志駅から徒歩約3分 Ⓟなし

1 県内の全蔵元の銘柄が並ぶ。おちょこは300円 2 ワイワイと賑やかで店主との会話も楽しい 3 あっさりとした塩ナンコツソーキ990円や、人気メニュー・みそぴー 330円ほか

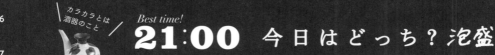

MY BEST

NAHA DINNER MAP

（那覇の夕食編）

どのジャンルもお任せあれ。夜の那覇はフトコロ深め

パックツアーで那覇市内のホテルに宿泊すると、朝食はあっても夕食が付いていない場合がほとんど。でも心配無用。本格的な琉球料理からトレピチ魚介、ワインバーまで、ホテルの近場でチョイスしたってレベルは高めです。

AT **Night** (18:00-22:00)

Ⓔ **ワイン&日本酒なら Kahu-si**

ワインと日本酒を扱うバー。おつまみメニューは一人でも食べやすい小さめサイズ。その日のおすすめ数種から選ぶグラスワイン700円〜でカンパイ！

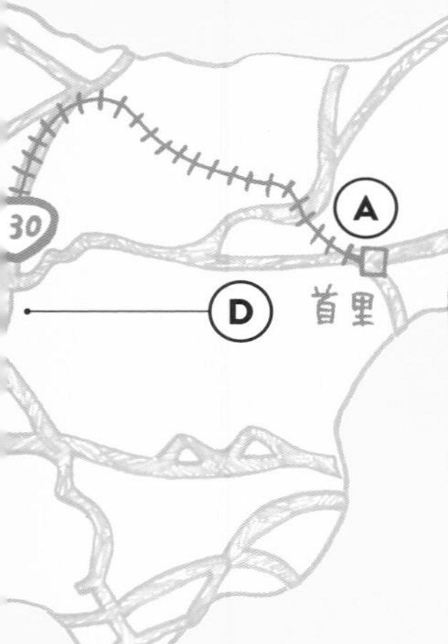

Ⓕ **あぐー豚ならスチームダイニングしまぶた屋**

沖縄料理をはじめ、やんばる島豚・あぐーのおいしさを味わうメニューを提供。肉、島野菜、自家製つみれがセットになった、人気メニューのせいろ蒸しセットは2480円。

Ⓐ **琉球料理なら 潭亭**

八重山地方の伝統料理をアレンジ。石垣島産の食材がふんだんに使われています。自家製の食前酒やかまぼこ、ピーナッツ豆腐などが並んだ八重山会席は要予約で1万5000円〜。

Ⓑ **野菜料理なら 自然派食堂タマテバコ**

ディープな竜宮通りにある料理店。県産食材と無農薬にこだわり、沖縄や東南アジアの料理をヴィーガンで味わえます。琉球ラクサ1000円。

Ⓐ 潭亭
たんてい

首里 MAP P.171 C-3 ☎098-884-6193（要予約）🏠那覇市首里赤平町2-40-1 🕐11:30～14:30、17:00～21:30 🔒月曜 🚗ゆいレール儀保駅から徒歩約10分 Ⓟあり

Ⓑ 自然派食堂
タマテバコ
しぜんはしょくどうタマテバコ

那覇 MAP P.180 D-3 ☎098-943-2567 🏠那覇市牧志3-10-7 🕐17:00～23:00 🔒水・木曜（Instagram参照）🚗ゆいレール牧志駅から徒歩約4分 Ⓟなし

Ⓒ ピパーチキッチン

那覇 MAP P.171 B-3 ☎098-988-4743 🏠那覇市西2-6-16 🕐11:00～14:30、17:30～21:00（夜は木～月曜のみ）🔒水曜 🚗ゆいレール旭橋駅から徒歩約10分 Ⓟあり

Ⓓ 山羊料理 美咲
やぎりょうり みさき

那覇 MAP P.180 F-2 ☎098-884-6266 🏠那覇市安里388-6 🕐18:00～翌0:00 🔒日曜 🚗ゆいレール安里駅から徒歩約1分 Ⓟなし

Ⓔ Kahu-si
カフーシ

那覇 MAP P.181 C-4 ☎098-861-5855 🏠那覇市松尾2-11-25 🕐19:00～翌0:00 🔒日曜、第4・5月曜 🚗ゆいレール牧志駅から徒歩約11分 Ⓟなし

Ⓕ スチームダイニング
しまぶた屋
スチームダイニング しまぶたや

那覇 MAP P.181 B-3 ☎098-861-2739 🏠那覇市久茂地3-29-41 久茂地マンション1F 🕐17:00～翌0:00 🔒水・日曜、不定休 🚗ゆいレール県庁前駅から徒歩約6分 Ⓟなし

Ⓖ 海のちんぼらぁ
うみのちんぼらぁ

→P.129

玄人ウケ100%の
ヘルシーフード!!

Ⓓ
やぎ料理なら
山羊料理 美咲

疲労回復の効果もあり、沖縄では祝いの席で食べるという山羊料理の専門店。コリッとした皮付きの部位を含んだ山羊の刺身は1700円。泡盛と一緒に召し上がれ。

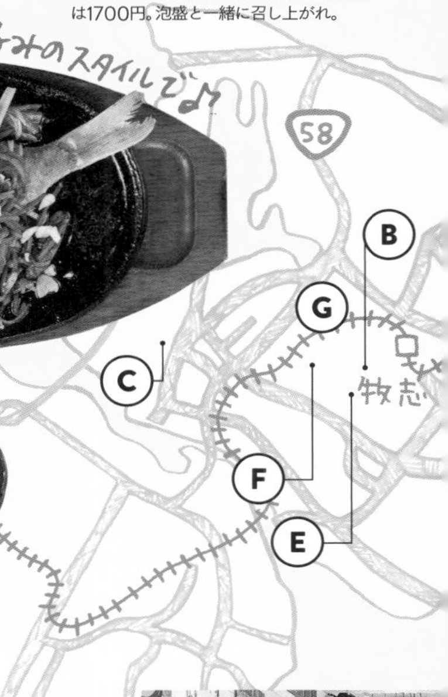

Ⓖ
魚料理なら
海のちんぼらぁ

八重山の魚や国産大豆の島豆腐、やんばる鶏にあぐー豚など、全食材にこだわりが光ります。一本魚を好みの調理法で。1280円～、ゴーヤーチャンプルー 680円、地魚の刺身 七種盛り1880円（2人前）。

Ⓒ
創作料理なら
ピパーチキッチン

沖縄の島コショウ、ピパーチを使った創作料理をいただけるお店。店内では県内作家による個展も開催しています。ピパーチチーズハンバーグ1100円は必食。

うちなー Tips&Memo

日中は北へ南へお出かけ。国際通り周辺でのショッピングは夜のイベントにとっておきましょう。

Washita has everything!

最後の夜のカケコミ寺。わしたショップでベタみやげまとめ買い

遊びに全力投球でおみやげショッピングの時間がなかった場合は、一度にいろいろ揃うわしたショップが効率的！

No.5

雪塩ちんすこう
ほのかな塩味が、ちんすこうの甘みを引き立てる。648円

No.4

ごまふくろう 黒ごま＆マカダミアナッツ
ゴマ入りの生地に自家焙煎のナッツがマッチ。864円

No.3

まるごと搾ったシークヮーサー
水や炭酸で10倍に薄めて飲めば爽快感満点！ 1045円

No.2

べにいもたると(ナンポー)5個入
100％沖縄県産の紅芋を使用。温めて食べて。864円

No.1

ロイズ石垣島 黒糖チョコレート
県産黒糖のチョコレート。包み紙がかわいい。810円

No.10

ちゅらシーサーマスク(2枚入)
シーサー顔でキレイになれる!?保湿マスク2枚組976円

No.9

ちんすこうショコラ 3種アソート
ミルク、ダーク、ハイカカオ3種のチョコがけ。464円

No.8

みそクッキー
久米島の味噌を練りあわせた手作りクッキー。324円

No.7

ポテトチップスチョコレート 石垣の塩(ロイズ石垣島)
石垣島の海塩とチョコのバランスが最高。864円

No.6

35 COFFEE JFK SPECIAL粉200g
サンゴで焙煎したコーヒーはまろやかな風味。1200円

Chinsuko

ちんすこうアレコレ

小麦粉とラード、砂糖だけのクラシックなちんすこうもいいですが、おいしい変わりダネにもトライ。

ちんすこうショコラ紅芋
紅芋風味のチョコレートでコーティング。期間限定品。356円

くがにちんすこう
こだわりの小麦粉などシンプルな素材で作られる。16個入り1036円

35 CHINSUKO
ほろ苦いコーヒー風味のちんすこうはサクサクの食感。30個入り993円

新垣ちんすこう
琉球時代の製法を受け継いだ元祖は素朴な味わい。10袋入り745円

Mailing

ヘビーなビンものもまとめて郵送

泡盛など重い瓶系のおみやげや、箱もののお菓子をまとめ買いしたら、迷わずお店から直接宅配便を！

わしたショップ国際通り店
わしたショップこくさいどおりてん
那覇 MAP P.181 A-4 ☎098-864-0555 那覇市久茂地3-2-22 JAドリーム館1F 9:00～20:00 無休 ゆいレール県庁前駅から徒歩約4分 Ⓟあり(契約駐車場)

Shimauta sakaba

ビギナーなら島唄酒場へ

沖縄ビギナーなら、初日の夜は民謡酒場で一気に沖縄モードON！ 王道の沖縄料理と泡盛をお供に沖縄民謡に酔いしれ、最終的には一緒に踊って陽気に盛り上がりましょう。

我如古より子さんの民謡酒場
民謡ステージ 歌姫
みんようステージ うたひめ

那覇 MAP P.181 C-3 ☎098-863-2425 🏠那覇市牧志1-2-31 ハイサイおきなわビルB1F 🕗20:00～翌0:00 🔒水曜 ¥ライブチャージ1000円 🚗ゆいレール美栄橋駅から徒歩約9分 Ⓟなし

1 泡盛の代表的な銘柄が揃う。グラス700円～ 2 そーみんちゃんぷるー 680円 3 演者は日替わり。オーナーの我如古より子さんは坂本龍一氏とのコラボでも知られる

ねーねーずの生歌を聴きたくて
島唄
しまうた

那覇 MAP P.181 C-3 ☎098-863-6040 🏠那覇市牧志1-2-31 ハイサイおきなわビル3F 🕗18:00～22:30 🔒不定休 ¥ライブチャージ2310円 🚗ゆいレール美栄橋駅から徒歩約9分 Ⓟなし

1 現6代目のねーねーずの生歌が聴ける唯一のライブハウス 2 オリオンビール生600円 3 海ぶどう600円 4 出演スケジュールはHPでチェック

⚠ CAUTION!

☑ 沖縄から持ち出しNGのものに注意

おみやげで人気の紅芋タルトの原材料、紅芋のほか、シークヮーサーなどの苗木類も持って帰れません。

☑ 朝と夜のバスレーン規制。違反は罰金

那覇市や宜野湾市内では、特定の時間のみ左端車線がバス専用に。すいていても走らないよう要注意。

☑ 台風を避けるには？

沖縄で最も台風が多いのは8、9月。5、6月と10、11月は台風接近回数が少ないベストシーズンです。

Designated Driver Service

「運転代行」フル活用

車移動がメインの沖縄でお酒を飲んでしまったら、迷わず選びたいのが「運転代行」。タクシーより割安なうえ、ホテルに一旦車を置く必要もなし。お店で頼めば呼んでもらえますが、週末は待ち時間が長い場合があるので早めに手配をしましょう。

Okinawa the best time

AT

Late Night

22:00 - 00:00

泡盛で時間を忘れて盛り上がりたいところだけど、沖縄の夜は意外と早い。ひとしきりお酒で楽しんだら、沖縄県民にならってステーキで〆！ 深夜の星空観察も、深い暗闇が広がる沖縄ならではのイベントです。

恩納の老舗、SEA SIDE DRIVE-IN（→P.153）なら深夜もテイクアウトコーナーは営業中

パブラウンジ エメラルド

レトロアメリカンなレストラン

創業時はパブラウンジとして営業。〆に提供していたステーキが人気に。その秘密はボリュームと秘伝ソースにあり！

中部 MAP P.173 B-4 ☎098-932-4263 北中城村島袋311 11:30～21:00(L.O.20:30) 旧盆 沖縄南ICから約4km Ⓟあり

〆は、やっぱりステーキ

一日のクライマックスに重量級の肉塊をペロリ

〆のラーメンならぬ〆のステーキ。初めて沖縄のこの習慣を聞いた時思わず耳を疑いました。しかし実際に沖縄取材中に出会ったうちなーに話を聞くと、ほぼ全員が「マイベスト〆ステーキ」を持っているのです。戦後にドッと入ってきたアメリカ文化の一つだという説がありますが、郷に入っては郷に従え。試しに居酒屋帰りに立ち

看板メニューの1ポンドリブステーキ約450g4800円（盛り付けは異なる）

赤身をベースとしたステーキが1000円から食べられる

やっぱりステーキ 2nd 松山店

やっぱりステーキセカンドまつやまてん

店舗数急増中の注目店

あっさりした食感と濃厚な旨みを備えた牛肉を丁寧に処理。食べ応えのある厚切り肉が溶岩石プレートで提供されます。

那覇 MAP P.181 A-1 ☎098-988-3344 那覇市松山2-7-16 11:00～翌5:00(L.O.翌4:00)、日曜は～21:00(L.O.20:30) 無休 ゆいレール美栄橋駅から徒歩約7分 Ⓟなし

★★★ やっぱりステーキ2nd 松山店では、お肉が足りない時は替え玉ならぬ変え肉なるシステムが！ 好きな肉を100g500円～追加できます。

88特選赤身ステーキ200g2915円(スープ・サラダ・ライスまたはトースト付き)

ステーキハウス 88 辻本店

ステーキハウスはちはち つじほんてん

うちなんちゅに愛される人気店

県内に20ものグループ店舗を構えるステーキハウス。メニューは常時20種類以上。オリジナ
のソースをはじめ調味料も豊富にあり、自分好
みにアレンジできるのもうれしいポイントです！

那覇 MAP P.171 B-3 ☎098-862-3553 🏠那覇市辻2-8-2
⏲11:00 ～翌1:00(予告なく変更する可能性あり) 🔓無休
ゆいレール旭橋駅から徒歩約15分 Ⓟあり

Best time!

22:00 郷に入れば郷に従え！ 飲んだあとの

寄ってみるとあら不思議
200gのステーキをペロリと平らげてしまいました。

ここで言う「ステーキ」とは、内地でありがちな「霜降りこってり」タイプではなく、USビーフのザ・赤身。レアで仕上げられたさっぱりした肉質のステーキが鉄板の上でジュージュー音を立てながら運ばれてくれば、満腹中枢が壊れ、食欲が再び湧き出すのです。価格も手頃なので気軽にうちなー流ハシゴを楽しんでみては？

一番人気のテンダーロインステーキL250g 3500円。食べ応えあり！

ジャッキーステーキハウス

沖縄ステーキハウスの先駆け

戦後の1953年創業。オーストラリア産ステーキ
はヒレ肉、リブ、ハンバーグの3種類で、テーブル
にセットされた調味料で味を付けるスタイル。

那覇 MAP P.171 B-3 ☎098-868-2408 🏠那覇市西1-7-
⏲11:00 ～22:00(最終入店) 🔓無休 ゆいレール旭橋駅から徒歩約5分 Ⓟあり

ステーキMEMO

〆ステーキのライバルはやっぱり沖縄そば

なかには「〆ステーキはきつい」という人も。そんな人の受け皿は出汁がやさしい沖縄そばなのです。

ステーキもやっぱり食堂強し

「マイベストステーキ」アンケートを取ると、食堂を挙げる人がちらほら。24時間営業の食堂で体験して。

〆ステーキ文化はほぼ那覇のもの

那覇を一歩離れると〆のステーキ文化はあまり見かけません。パブラウンジエメラルドの閉店も早めなので注意。

Best time!

23:00

星降る夜を、一生忘れられない一枚の写真に残す。

満天の星に言葉を失う

AT **Late Night** (22:00-00:00)

☆開催時間は日没や月の出入りにより異なります。詳しくは問い合わせを。

6 7 8 9 10 11 12 13 14 15 16 17 18 19 20 21 22 **23** 0

夜の隠れ家ビーチで流れ星に願いを託す

どんどん開発が進み、夜通しネオンが街を照らす。沖縄本島に、本当の暗闇は残っているのだろうか？ 以前波照間島で見た星空が忘れられず、沖縄本島で探したところ、満天の星が見られるスポットに連れていってくれるスタジオを見つけました。しかも、プロのカメラマンが星空をバックに撮影してくれる、というとびきりのサービス付き。

沖縄本島とひとくくりで言っても那覇のような都会は一部で、名護以北のやんばる方面や糸満などの南部には手つかずの自然が残り、夜は漆黒の闇に包まれます。今回の星空フォトツアーのスポットは、糸満市のとあるビーチ。夜になると静寂に包まれ、息をのむ星空が広がります。満月周期は月明かりの幻想的な撮影ができ、新月前後の数日間は運が良ければ天の川を肉眼で観察でき、写真に収めることもできるのだとか。一生忘れたくない景色だからこそ、一枚の写真にこの沖縄の夜の出来事を残しましょう。

Churashima Night Sky Photo Studio

チュラシマ ナイト スカイ フォト スタジオ

☎090-5925-3494
🏠糸満市内の指定集合場所から車で約2～3分程度※詳細は予約確定時に確認
🕘19:00～23:00の間で1グループ約1時間30分程度（開始時間は季節により変動あり）
🔒無休
¥6000円（1人※2名以上参加の場合）
URL n8uhubbe5f.wixsite.com/churashima-night-sky
※写真の色味は実際のものと異なるためHPにて確認を

Best time!

00:00-23:59

これが恩納のオールマイティーカード。

SEA SIDE DRIVE-IN 万能説

AT Late Night (22:00-00:00)

24H、どんな使い方もアリの恩納のランドマーク

58号線から一本海側の道に入った海沿いに立つSEA SIDE DRIVE-IN。レトロでアメリカンなビジュアルが懐かしく、提供される料理の素朴さもあいまって大のお気に入りのスポットです。1967年、米軍基地内に出入りしていた初代オーナーが基地内のレストランを気に入り、それをモデルに造ったのがお店の始まり。ただ、ここはちゃんぷるー文化の沖縄。メニュー一つとっても、アメリカンな洋食だけでなく和食も中華もなんでもアリ。

ドライブインというだけあって使い勝手も抜群で、サンドイッチや名物スープを海遊び前や深夜の夜食にテイクアウトして楽しむのも正しい使い方。大きな窓の外には海が広がり、カジュアルなのに景色は5つ星クラスのオーシャンビュー、というお得感もたまりません。

★★★ 目の前の小さな島はなんとSEA SIDE DRIVE-INが所有している無人島なんだとか。

7
8
9
10
11
12
13
14
15
16
17
18
19
20
21
22
23
0

08:00

朝食は昔ながらのフレンチトースト

シナモンの香りのフレンチトースト700円で一日をスタート。朝食メニューは平日8〜11時。

12:00

ランチはパケが◎なサンドイッチ&スープ

海に出かける前にステーキエッグサンド600円と名物スープ300円で腹ごしらえ。To Goならこんなかわいいパッケージに入ってます。

20:00

ガッツリごはんもおまかせアレ

夜はボリューム満点に、ホロホロに崩れる牛尾肉の煮込み2500円とビーフカレー900円を。

15:00

ゆるーい空気感がたまらない

カジュアルなレストランながらオーシャンフロントという贅沢さ。

0:00

一杯飲んだあとはあのスープで今日の〆!

翌0:00以降はドライブインでTo Go。深夜はメニューの変動がありますが、やっぱり便利!

ロゴがかわいいトートバッグはおみやげに。700円

豚骨ベースの名物スープはうちなーのソウルフード。300円

SEA SIDE DRIVE-IN

シーサイドドライブイン

レトロなネオンが目印

沖縄初のドライブインレストラン。テイクアウトは24時間営業なので、いつでも立ち寄れます。海に面しているので景色も最高。

西海岸リゾート MAP P.175 A-2 ☎098-964-2272 恩納村仲泊885 8:00〜21:00(L.O.20:00)※テイクアウトは24時間 水曜(7:00までは営業) 石川ICから約4km Ⓟあり

うちなー Tips&Memo

まだまだ食べ足りない…という時の強い味方。エリアによっては深夜営業の店がほとんどないのでご注意を。

Shinya Shokudo

沖縄版「深夜食堂」で夜食

夜遅くまで受け入れてくれる灯台的存在の食堂。飲んだあとの〆に使ううちなーも多めです。

安い、早い、ウマい！の三拍子
ハイウェイ食堂
ハイウェイしょくどう

沖縄では定番のA、B、Cランチのほか、沖縄そばからステーキまで数十種類のメニューがズラリ。

那覇 MAP P.171 B-3 ☎098-863-2277 🏠那覇市前島2-3-6 🕘24時間 🔒無休 🚗ゆいレール美栄橋駅から徒歩約5分 Ⓟあり※一時休業中

創業50年以上の老舗大衆食堂
お食事処三笠
おしょくじどころ みかさ

創業50年以上という老舗大衆食堂。価格はほとんど700円台という驚きの安さ。ボリュームも満点！

那覇 MAP P.181 A-2 ☎098-868-7469 🏠那覇市松山1-12-20 🕘9:00～21:30(金～日曜は～22:00) 🔒木曜 🚗ゆいレール県庁前駅から徒歩約7分 Ⓟあり

ポークと卵焼き650円

〆ステーキを食堂で
いちぎん食堂
いちぎんしょくどう

券売機の前で悩み込むほどメニュー豊富ですが、人気はなんとステーキ。手頃な価格が魅力です。

那覇 MAP P.181 B-2 ☎098-868-1558 🏠那覇市久茂地2-12-3 🕘24時間 🔒無休 🚗ゆいレール美栄橋駅、県庁前駅から徒歩約10分 Ⓟなし

1 2 食堂ながら券売機にはステーキのほかロブスターの文字も。お酒メニューも並ぶ 3 定番の「ちゃんぷるー」系は720円～

⚠ CAUTION!

☑ **22時以降は人通りも少なめ**

一日中賑わう国際通りも22時を過ぎるとお店もほとんど閉店し、人通りもまばら。一人で出歩くのは控えましょう。

☑ **深夜におみやげを買うなら**

日中おみやげを買いそびれたら、24時間営業のスーパーへ。那覇中心地なら栄町りうぼうやユニオン前島店(→P.138)が最寄りです。

☑ **深夜活動できるのは一部だけ**

都市部＆幹線道路沿い以外の場所、例えば南部の海沿いや本部半島で宿泊の場合、「宿周辺で夜食」は難しいので要注意。

☑ **ドライブ途中にイルミネーション？**

沖縄で夜中に見かける道端の美しいイルミネーション…。これは実は電照菊の栽培。地元民にも人気の、冬の風物詩です。

FamilyMart

ホテルに戻ったら沖縄らしさ全開のファミマフードで二次会

おなじみのコンビニフードが沖縄に上陸すると、途端に地方色豊かに！ 定番のおにぎりのほかにも、アルコール類や、おでんの具材に「沖縄そば」なるものも！

沖縄ファミリーマート
おきなわファミリーマート

本島内に約290店舗

1 塩漬けしたからし菜を炒めたチキナーが入るポーク玉子チキナー 275円 2 シークヮーサー泡盛320円。沖縄県産シークヮーサーの爽やかな香り 3 沖縄県産パインアップルのほんのり甘酸っぱいパイン泡盛320円

2

3

1

Okinawa My Best Hotels

It's recommended hotels

一生に一度は泊まるべき

沖縄のホテルたち

OKINAWA MY BEST HOTELS | 01 |

HOSHINOYA OKINAWA

星のや沖縄

POINT 1. 年中入れるインフィニティプールが待っているから。

海にせり出るように造られたインフィニティプールは、海との一体感が素晴らしく、夕暮れ時にはサンセットを眺める特等席。1年中24時間利用できるのも嬉しいポイントです。

唯一無二の楽園 沖縄至高のリゾート

「現代を休む日」をコンセプトに圧倒的な非日常を提供する「星のや」が立つのは、沖縄の原風景が残る読谷村。「ラグジュアリーリゾートでありながらどこかほっとした気持ちになれるのは、サービスや設えのそこかしこに琉球文化へのリスペクトが感じられるから。読谷の美しい海岸線に寄り添うように造られた客室で潮風や波の音を感じたり、サンセットをインフィニティプールから眺めたり、夜には至福のディナー「琉球シチリアーナ」に舌鼓を打ったり…。最高のホスピタリティと穏やかな琉球の自然の中での滞在は、一生忘れられないものになるはず。

POINT 2. 海を望む客室が居心地よすぎるから。

100室あるゲストルームは全室オーシャンフロント。大きなテーブルを設えた「土間ダイニング」やリビングからは自然海岸を一望できます。

星のや沖縄

ほしのやおきなわ

西海岸リゾート MAP P.173 A-1 ☎050-3134-8091(星のや総合予約) 🏠読谷村字儀間474 🚗石川ICから約14km Ⓟあり IN15:00 OUT12:00 ●料金／1泊1室13万6000円～ ●客室数／100

POINT 3. 伝統のぶくぶく茶で沖縄らしさに浸れるから。

アクティビティの拠点でもある“道場”でウェルカムティーとして供されるのは、沖縄伝統のぶくぶく茶。ちんすこうと共にいただき、旅の疲れを癒しましょう。

POINT 5. 開放的なダイニングで琉球シチリアーナが味わえるから。

琉球シチリアーナをコンセプトにした全8品のコース料理が、夜の最大のお楽しみ。沖縄食材の魅力を、力強いシチリア料理の技法で最大限に引き出しています。(1人1万5730円)

POINT 4. スパで心穏やかな時間を過ごせるから。

赤瓦屋根のスパで、極上のひと時。沖縄の自然の力を取り入れたトリートメントを受ければ、海の凪のような心の穏やかさが訪れます。(90分1万9360円～・要予約)

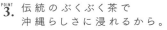

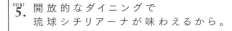

OKINAWA MY BEST HOTELS | 02 |

The Ritz-Carlton, Okinawa

ザ・リッツ・カールトン沖縄

誰もがリラックスできるワンランク上のリゾート

琉球のシンボル、赤瓦の屋根に白壁が沖縄の青空に映える、ザ・リッツ・カールトン沖縄。涼しげに水をたたえ、蓮の花が咲く中庭と、それをぐるりと囲むように設えられた回廊。その向こうには遥か名護湾と本部半島を望み、まるで美しい絵画を見ているよう。

旅はアクティブに！が信条の私でさえ、一歩も外に出たくないと思えるほどホテルに流れる「氣」がよく、ここに居るだけで心豊かになるのです。一日ホテルで過ごすなら、森の中のスパやアフタヌーンティーへ。思い思いに過ごす時間が、何よりのご褒美です。

POINT 1. 居るだけで癒される、氣の流れを感じるから。

ロビーやレストラン、名護湾を望むテラスデッキと、どこに移動するにも目に飛び込む水の庭は、深呼吸したくなる美しさ。夜はライトアップされ、違った趣に。

POINT 3. とびっきり美味な朝食が待ってるから。

目覚めた瞬間からトキメキが止まらないのは、この絶品朝食のせい。沖縄料理から洋食まで幅広く、そのどれもがピカイチ。天気がいい日はテラス席でいただきます。

POINT 2. 離れのスパで非日常体験ができるから。

ホテル棟から木々に囲まれた庭を抜け、プライベート感あふれるスパへ。シークヮーサーや月桃など、琉球色豊かなプロダクツを使ったスパ体験は、贅沢の極み。

POINT 4. 絶景viewバス付きのお部屋が心地いいから。

名護湾を望む45㎡のベイデラックスルーム。大きな窓を設えたバスルームからも同じ景色を楽しむことができます。

POINT 5. 大自然を感じるプールが素敵すぎるから。

自然に溶け込むような造りのプールは、泳がずとも日がな一日のんびりここで過ごしたいと思うほど抜群のロケーションです。

ザ・リッツ・カールトン沖縄

ザ・リッツ・カールトンおきなわ

西海岸リゾート MAP P.174 D-2 ☎0980-43-5555 名護市喜瀬1343-1 許田ICから約5km Ⓟあり IN15:00 OUT12:00 ●料金／デラックスルーム1泊1室6万7000円～(朝食なし・サ込) ●客室数／97

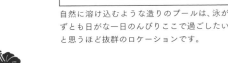

POINT 1. 大人な雰囲気のプールでのんびりしたいから。

読谷村ののどかな風景に溶け込みながら、ラグジュアリーな華やかさをもつプール。プールサイドで、完熟フルーツのスムージーを飲みながらのんびりするのも素敵です。

OKINAWA MY BEST HOTELS | 03 |

THE UZA TERRACE BEACH CLUB VILLAS

ジ・ウザテラス ビーチクラブヴィラズ

POINT 2. 朝から思いっきりゼイタクなルームサービス。

ルームサービスの朝食をプールサイドでいただく、憧れのシチュエーション❤ 誰の目も気にしない朝の時間が、何よりの贅沢です。

憧れのヴィラで「何もしない」時間を

読谷村宇座海岸沿いに佇む全室プール付きのヴィラタイプホテルは、小さな村のようにヴィラが並び、海外のリゾートに迷い込んだよう。

ヴィラの扉を開くと、プールを囲むようにリビング棟とベッドルーム棟が立つ極上のプライベート空間が。最高級のホテルなのに、リラックスできるのは、アットホームなもてなしの賜物です。その証しとして「ホスピタリティの高さの象徴」であるルレ・エ・シャトーに加盟。自分の別荘のようにくつろいで過ごせる、大人のリゾートがここにあります。

POINT **3.** 一歩も外へ出たくない
最高のヴィラステイが叶うから。

なんと言ってもこのホテルのポイントは、「全室プール付きのプライベートヴィラ」。88㎡あるヴィラは、リビングとベッドルームがプールを隔て分かれていて、開放感たっぷり。

POINT **4.** 宿泊者限定の
サンセットタイムがあるから。

自社ブルワリーのクラフトビール片手に、目の前に沈む夕日を眺めながら乾杯。一日の締めくくりにふさわしいひと時です。

THE UZA TERRACE BEACH CLUB VILLAS

ジ・ウザテラス ビーチクラブヴィラズ

西海岸リゾート MAP P.173 A-1 ☎098-921-6111 🏠読谷村宇座630-1 🚗石川ICから約13km Ⓟあり（有料） IN 15:00 OUT 11:00 ●料金／クラブプールヴィラ 1 ベッドルーム朝食付きツイン1泊7万5000円～ ●客室数／ 48

POINT **5.** ドレスアップして出かけたい
ディナーが待ってるから。

自家農園の野菜や近海の魚介など、県産素材が繊細な一皿に変身。フレンチベースのコンチネンタル料理で忘れられないディナーを。

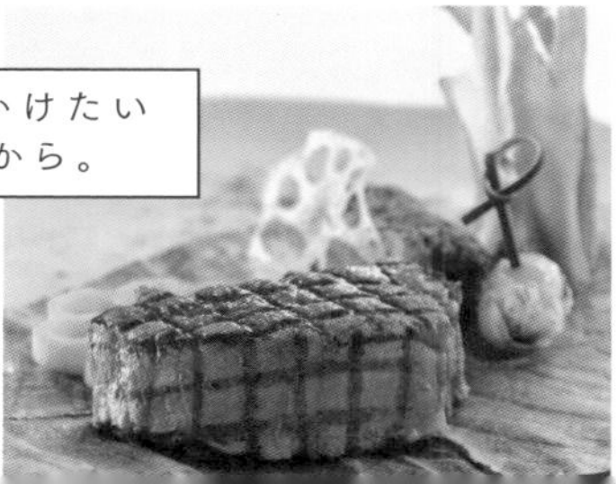

POINT
1. 建築美とアートを
存分に感じられるから。

まずザ・ムーンビーチ ミュージアムリゾートの場合、建築そのものがアート。宿泊客の心地よさを追求した設計で、ギャラリーや敷地内の至るところに配されたアート作品も魅力です。

POINT
2. インフィニティプールで
海と一体感を味わえるから。

ビーチ目の前のラグーンプールで泳いでいると、どこまでも広がる海とつながっているような感覚に。プールサイドで読書…なんていう過ごし方も最高です。

OKINAWA MY BEST HOTELS | 04 |

THE MOON BEACH MUSEUM RESORT

ザ・ムーンビーチ ミュージアムリゾート

大自然の癒しの力を感じる稀有なホテル

風に揺れる350本以上のヤシの木。ホテルを包み込むように植えられた南国植物。みずみずしさをたたえたポトスのカーテン…。初めてザ・ムーンビーチ ミュージアムリゾートを訪れた時に心をわしづかみにされたのは、沖縄の自然に溶け込むような佇まいの美しさでした。

1975年、海洋博の開催に合わせて建設されたこのホテルは、建築家の国場幸房氏による沖縄リゾートホテルの元祖。三日月の形をした天然ビーチやアートギャラリー、海辺のインフィニティプール、洗練されたサービスと沖縄の自然を大切にする姿勢がこれ以上ない絶妙なバランスで、滞在している誰もが自然体でいられる心地よさを感じるはずです。

POINT
3. 広々ベランダ付きの
お部屋が迎えてくれるから。

あらゆるケースに対応できる客室タイプの幅広さを誇り、特におすすめなのはクラブラグジュアリー。洋室の一角に和室があり、バルコニーも広々。

POINT
4. 海に沈む夕日を眺めながら
ビュッフェが楽しめるから。

目の前に広がるビーチを刻々と赤く染めるサンセットタイム。テラス席で壮大な景色を見ながら、ビュッフェスタイルのディナーをいただきます。

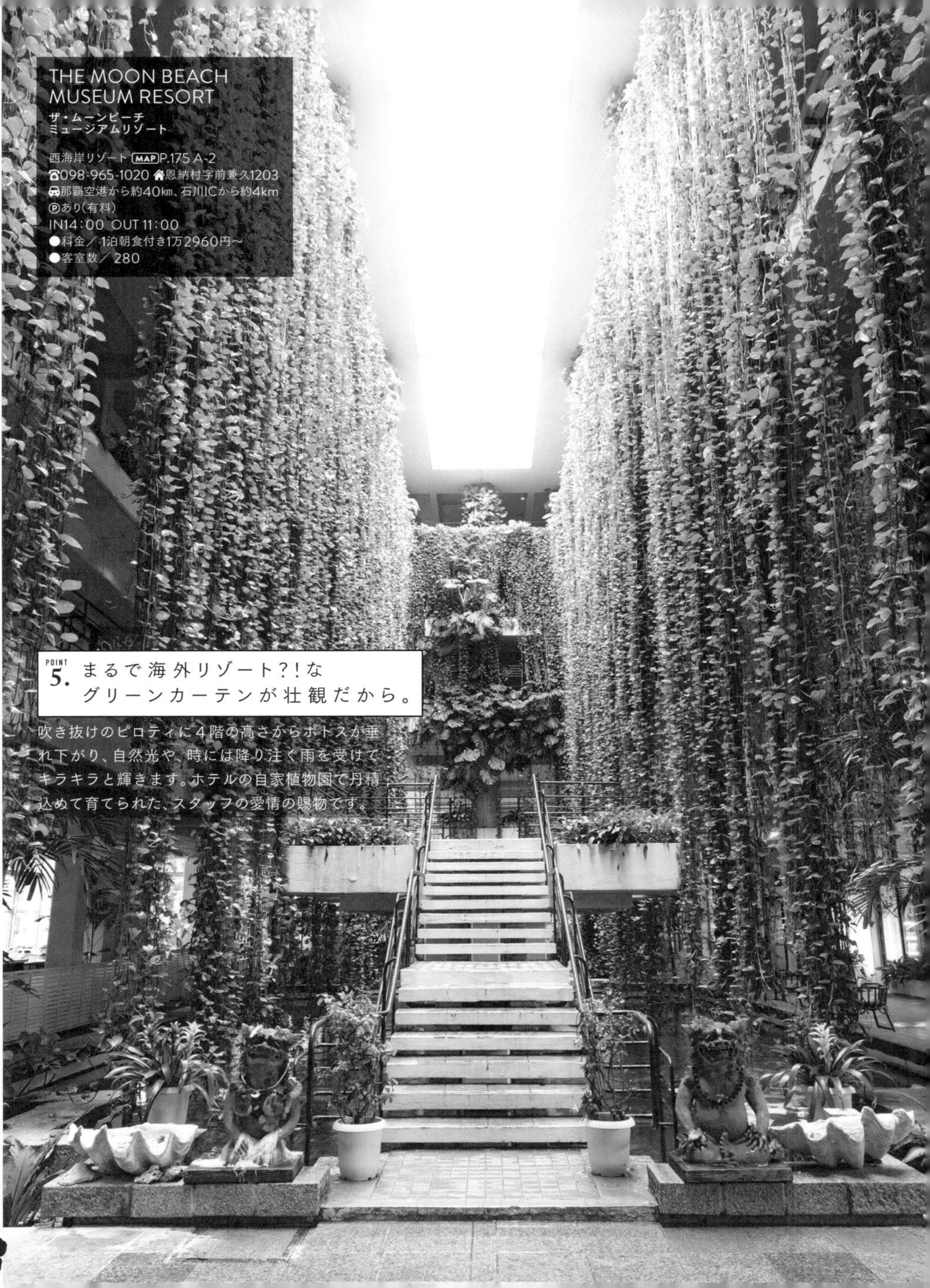

THE MOON BEACH MUSEUM RESORT

ザ・ムーンビーチ ミュージアムリゾート

西海岸リゾート MAP P.175 A-2
☎098-965-1020 恩納村字前兼久1203
那覇空港から約40㎞、石川ICから約4km
Ⓟあり(有料)
IN14：00 OUT 11：00
●料金／1泊朝食付き1万2960円～
●客室数／280

POINT 5. まるで海外リゾート?!な グリーンカーテンが壮観だから。

吹き抜けのピロティに４階の高さからポトスが垂れ下がり、自然光や、時には降り注ぐ雨を受けてキラキラと輝きます。ホテルの自家植物園で丹精込めて育てられた、スタッフの愛情の賜物です。

POINT 1. 昼も夜も入りたい
プールが待っているから。

屋外プールにはガゼボとデッキチェアが設えられ、リゾート感満載。冬は温水プールになるため年中泳げるのも嬉しいポイント。日没後はライトアップされ、昼とは違った雰囲気を楽しめます。

OKINAWA MY BEST HOTELS | 05 |

HOSHINO RESORTS BEB5OKINAWASERAGAKI

星野リゾート BEB5沖縄瀬良垣

便利でおしゃれで居心地よし。リピ確定！

リゾートエリアど真ん中に、カジュアルで使い勝手抜群のホテルが登場しました。星野リゾートが手掛けるBEBブランドで、コンセプトは「居酒屋以上 旅未満」。沖縄瀬良垣のテーマは「よんな～ちゅライフ」で、沖縄の方言で「ゆっくり、のんびり、美しい時間を過ごしてほしい」という意味が込められています。広々としたパブリックスペース「TAMARIBA」や、キッチン・洗濯機全室完備のコンドミニアムタイプの客室など、居心地も使い勝手も◎。年中入ることができるプールや24時間営業のカフェラウンジもあり、我が家のようにルーズにくつろげるはずです。

星野リゾート　BEB5 沖縄瀬良垣

ほしのリゾート ベブファイブおきなわせらがき

西海岸リゾート　MAP P.175 C-3 ☎050-3134-8094(星野リゾート予約センター）🏠恩納村瀬良垣1860-4 🚗那覇空港から約50km、屋嘉ICから約7km Ⓟあり
IN15：00 OUT 11：00　●料金／1泊9000円～　●客室数／105

POINT 2. TAMARIBA＆かがり火でのおしゃべりが楽しすぎるから。

24時間利用可能なパブリックスペース「TAMARIBA（タマリバ）」。本を読みながらくつろいだり、友達とお酒片手に語らったり、思い思いの過ごし方をしてみて。

POINT 3. 全室キッチン付きで暮らすようにステイできるから。

全部屋にキッチン、大型冷蔵庫、洗濯乾燥機が付いていて、これが本当に便利！ グループ旅行、子ども連れ、長期滞在とどんな旅もお任せあれ。

POINT 4. 本格窯焼きピザのカジュアルディナー＆パニーノ朝食が楽しみすぎるから。

夜はゴーヤーなどを使用した窯焼きピッツァ。朝は生ハムのパニーノやリゾット、野菜たっぷりのプレートが待っています。カフェで食べるのはもちろん、客室やTAMARIBA、ビーチにテイクアウトするのもアリ。

POINT 5. 「盛れるモンブラン」でおやつタイムが映えるから。

BEBブランドで人気の「#盛れるモンブラン」が沖縄では「紅芋モンブラン」として登場！ 色鮮やかな紅芋ペーストを絞り、盛れるスイーツを作りましょう。（1000円、10:00～17:00）

OKINAWA MY BEST HOTELS | 06 |

ESTINATE HOTEL NAHA

エスティネートホテル那覇

うちなーと旅人が交差するライフスタイルホテル

旅の醍醐味ともいえる、一期一会を旅人同士で楽しむライフスタイルホテル。誰もが気軽にラウンジを利用できる動線になっていたり、宿泊客同士がコミュニケーションできるイベントを開催したり、交流の場を生み出す仕掛けが見事。ただ泊まるだけではもったいない！

POINT 1. ディナーでカラフルな「琉球メキシカン」を味わえるから。

うちなーもふらりと立ち寄れるダイニング。「カラフルとヘルシー」をテーマにした新感覚のメキシカンをいただきながら、旅の情報交換を楽しみましょう。

ESTINATE HOTEL那覇
エスティネートホテルなは

那覇 MAP P.181 B-1
☎098-943-4900 🏠那覇市松山2-3-11 🚗那覇空港から約5km、ゆいレール美栄橋駅から徒歩約5分 Ⓟあり IN 15:00 OUT 11:00
●料金／スタンダードルーム1泊6900円～ ●客室数／79

POINT 2. 琉球モダンルームが居心地最高だから。

新たに登場した琉球モダンルームは、琉球の伝統柄がモチーフのグラフィックやオリジナルペンダントライトがおしゃれ！

POINT 3. ライフスタイルホテルで旅人と語らえるから。

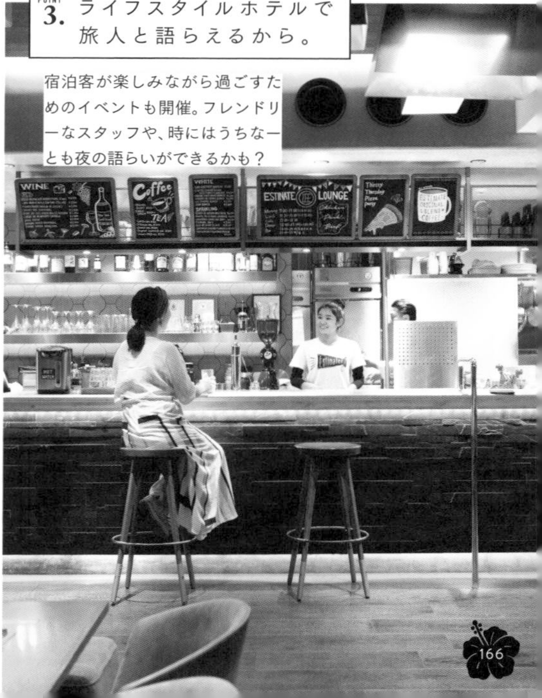

宿泊客が楽しみながら過ごすためのイベントも開催。フレンドリーなスタッフや、時にはうちなーとも夜の語らいができるかも？

POINT 4. 開放的な空間での朝食が楽しみすぎるから。

朝食はスキレットで提供されるダッチパンケーキやフルーツグラノーラパフェなど、乙女心くすぐる5種からセレクト。目覚めるのが楽しみ❤

HOTEL ANTEROOM NAHA

ホテル アンテルーム 那覇

ハーバービューホテルでアート三昧ステイ

沖縄のアート&カルチャーを体感できるホテル。フロントエリアに併設するギャラリーはもちろん、客室など館内の至るところにアート作品がちりばめられ、まるで美術館にステイしているような気分を味わえます。

ホテル アンテルーム 那覇

ホテル アンテルーム なは

那覇 MAP P.171 B-3
☎098-860-5151 ⌂那覇市前島3-27-11 🚗那覇空港から約6km Ⓟあり IN 15:00 OUT 11:00 ●料金／1泊ツインルーム1万円～(朝食なし) ●客室数／126

©やんツー

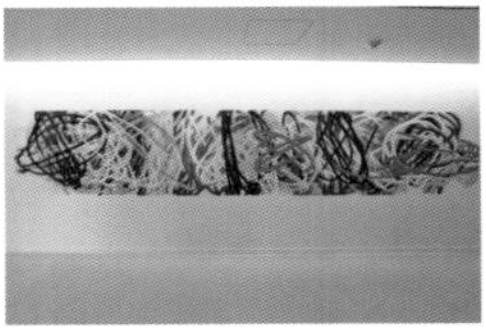

POINT 1. 泊港を望む空間で寛げるバーラウンジがあるから。

2階のバーラウンジではゆったりくつろぎながらオリジナルドリンクを。泊港を望む開放的なロケーションが最高です。

POINT 2. バラエティ豊かな朝食が待っているから。

眺めがいいレストラン、ANTEROOM MEALSでビュッフェスタイルの朝食を。朝から気分がアガります。

POINT 3. 客室でもアーティストの作品に囲まれて過ごせるから。

美術家・神谷徹氏によるコンセプトスイートには、色彩のグラデーションで表現される絵画が。感性を磨く滞在を楽しんで。

©神谷徹

POINT 4. 美術館のようなアート空間に存分に浸れるから。

レストランや客室など、館内には30名以上のアーティストの作品が点在。アートやカルチャーとの出合いが何よりの楽しみです。

©大和美緒

D E F

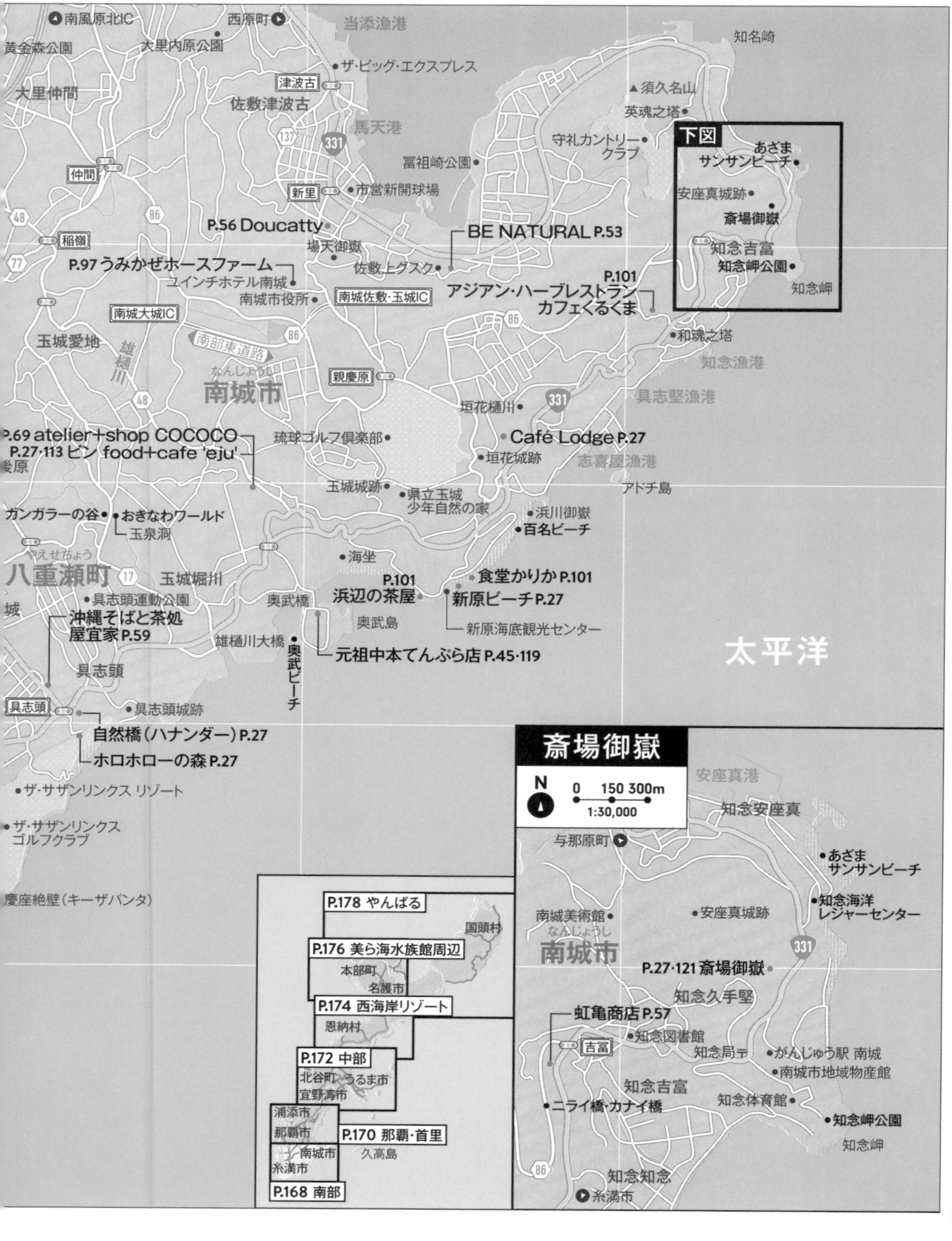

南風原北IC
西原町
当添漁港
知名崎
黄金森公園
大里内原公園
ザ・ビッグ・エクスプレス
津波古
▲須久名山
大里仲間
佐敷津波古
英魂之塔
馬天港
守礼カントリークラブ
下図
あざまサンサンビーチ
冨祖崎公園
仲間
新里
市営新開球場
安座真城跡
斎場御嶽
P.56 Doucatty
BE NATURAL P.53
稲嶺
場天御嶽
知念吉富
P.97 うみかぜホースファーム
佐敷上グスク
知念岬公園
ユインチホテル南城
P.101 アジアン・ハーブレストラン カフェくるくま
南城市役所
南城佐敷・玉城IC
知念岬
南城大城IC
和魂之塔
玉城愛地
南部東道路
雄樋川
知念漁港
親慶原
南城市《なんじょうし》
垣花樋川
具志堅漁港
P.69 atelier+shop COCOCO
P.27·113 ビン food+cafe 'eju'
琉球ゴルフ倶楽部
Café Lodge P.27
垣花城跡
志喜屋漁港
アドチ島
玉城城跡
県立玉城少年自然の家
ガンガラーの谷
おきなわワールド
浜川御嶽
玉泉洞
百名ビーチ
八重瀬町《やえせちょう》
海坐
玉城堀川
食堂かりか P.101
P.101 浜辺の茶屋
新原ビーチ P.27
具志頭運動公園
奥武橋
奥武島
沖縄そばと茶処 屋宜家 P.59
新原海底観光センター
雄樋川大橋
奥武ビーチ
太平洋
元祖中本てんぷら店 P.45·119
具志頭
具志頭城跡
自然橋(ハナンダー) P.27
ホロホローの森 P.27
ザ・サザンリンクス リゾート
ザ・サザンリンクス ゴルフクラブ
慶座絶壁(キーザバンタ)
斎場御嶽
N
0 150 300m
1:30,000
安座真港
知念安座真
与那原町
あざまサンサンビーチ
知念海洋レジャーセンター
南城美術館
安座真城跡
南城市《なんじょうし》
P.27·121 斎場御嶽
知念久手堅
虹亀商店 P.57
知念図書館
吉富
知念局
がんじゅう駅 南城
南城市地域物産館
知念吉富
知念体育館
ニライ橋・カナイ橋
知念岬公園
知念岬
知念知念
糸満市
P.178 やんばる
国頭村
P.176 美ら海水族館周辺
本部町
名護市
P.174 西海岸リゾート
恩納村
P.172 中部
北谷町
うるま市
宜野湾市
浦添市
那覇市
P.170 那覇・首里
南城市
久高島
糸満市
P.168 南部

1
2
3
4
5

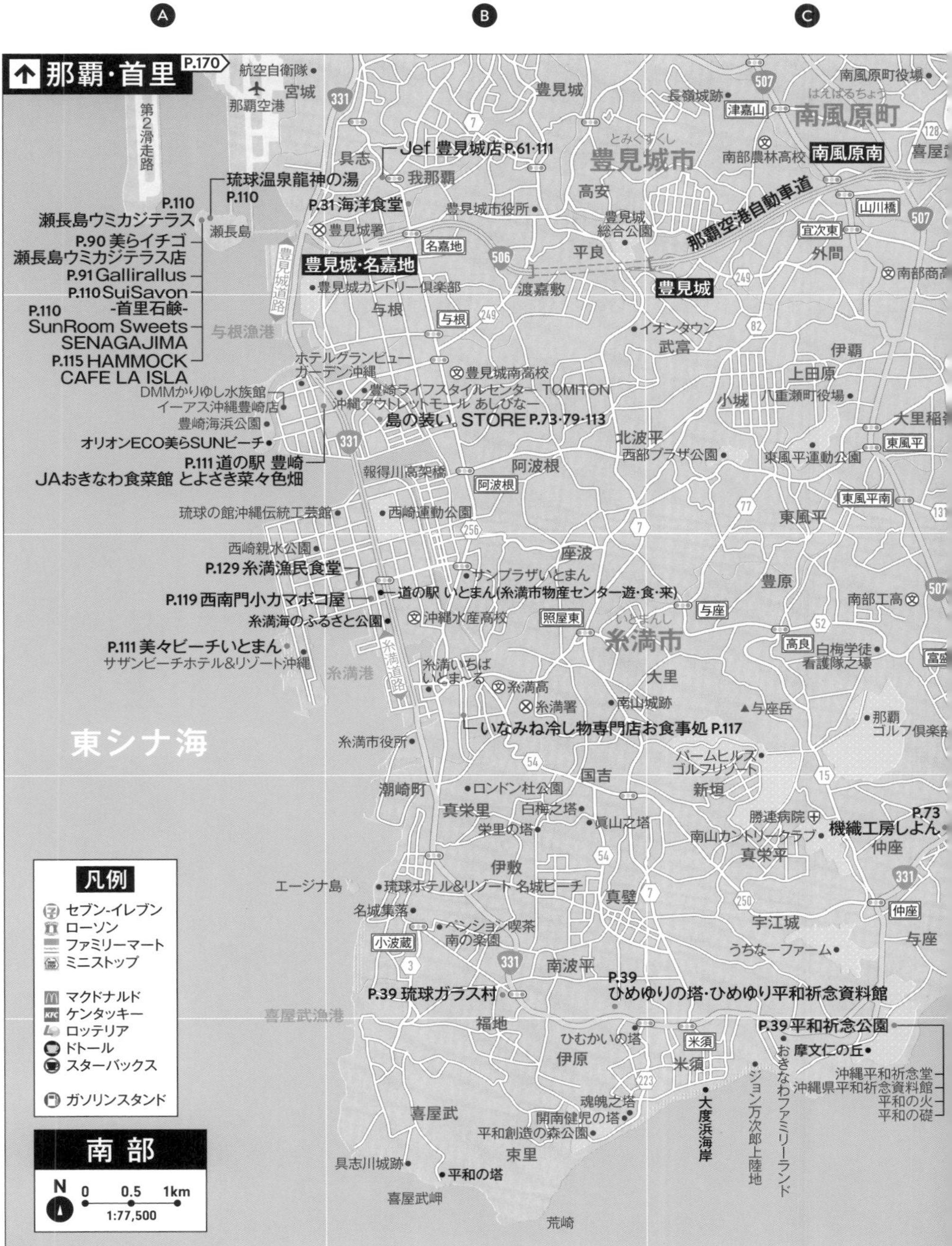

A
B
C
那覇・首里 P.170
航空自衛隊
宮城
那覇空港
第2滑走路
豊見城
長嶺城跡
津嘉山
南風原町役場
はえばるちょう
南風原町《はえばるちょう》
とみぐすくし
豊見城市《とみぐすくし》
具志
Jef 豊見城店 P.61・111
南部農林高校
南風原南
喜屋武
琉球温泉龍神の湯 P.110
我那覇
高安
P.110 瀬長島ウミカジテラス
瀬長島
P.31 海洋食堂
豊見城市役所
那覇空港自動車道
山川橋
豊見城署
豊見城総合公園
宜次東
P.90 美らイチゴ 瀬長島ウミカジテラス店
名嘉地
平良
外間
P.91 Gallirallus
豊見城・名嘉地
豊見城道路
南部商高
P.110 SuiSavon -首里石鹸-
豊見城カントリー倶楽部
渡嘉敷
豊見城
P.110 SunRoom Sweets SENAGAJIMA
与根
与根
与根漁港
イオンタウン
武富
P.115 HAMMOCK CAFE LA ISLA
ホテルグランビュー ガーデン沖縄
豊見城南高校
伊覇
上田原
DMMかりゆし水族館
イーアス沖縄豊崎店
豊崎ライフスタイルセンター TOMITON
沖縄アウトレットモール あしびなー
小城
八重瀬町役場
豊崎海浜公園
島の装い。STORE P.73・79・113
大里稲
オリオンECO美らSUNビーチ
北波平
西部プラザ公園
東風平運動公園
東風平
P.111 道の駅 豊崎 JAおきなわ食菜館 とよさき菜々色畑
報得川高架橋
阿波根
阿波根
東風平南
琉球の館沖縄伝統工芸館
西崎運動公園
東風平
西崎親水公園
座波
P.129 糸満漁民食堂
サンプラザいとまん
豊原
P.119 西南門小カマボコ屋
道の駅 いとまん(糸満市物産センター遊・食・来)
与座
南部工高
糸満海のふるさと公園
沖縄水産高校
照屋東
いとまんし
糸満市《いとまんし》
高良
P.111 美々ビーチいとまん
サザンビーチホテル&リゾート沖縄
白梅学徒看護隊之壕
富盛
糸満港
糸満道路
糸満いちば いとま～る
糸満高
大里
糸満署
南山城跡
与座岳
那覇ゴルフ倶楽部
いなみね冷し物専門店お食事処 P.117
東シナ海
糸満市役所
パームヒルズゴルフリゾート
国吉
潮崎町
ロンドン杜公園
新垣
真栄里
白梅之塔
勝連病院
P.73 機織工房しよん
栄里の塔
眞山之塔
南山カントリークラブ
真栄平
仲座
伊敷
エージナ島
琉球ホテル&リゾート 名城ビーチ
真壁
名城集落
ペンションの喫茶 南の楽園
仲座
宇江城
小波蔵
与座
うちなーファーム
南波平
P.39 琉球ガラス村
P.39 ひめゆりの塔・ひめゆり平和祈念資料館
喜屋武漁港
福地
P.39 平和祈念公園
米須
ひむかいの塔
摩文仁の丘
伊原
米須
沖縄平和祈念堂
沖縄県平和祈念資料館
平和の火
平和の礎
魂魄之塔
大度浜海岸
ジョン万次郎上陸地
おきなわファミリーランド
喜屋武
開南健児の塔
平和創造の森公園
東里
具志川城跡
平和の塔
喜屋武岬
荒崎
凡例
セブン-イレブン
ローソン
ファミリーマート
ミニストップ
マクドナルド
ケンタッキー
ロッテリア
ドトール
スターバックス
ガソリンスタンド
南部
N
0 0.5 1km
1:77,500

D
E
F
1
2
3
4
5
那覇・首里
N
0
0.5
1km
1:77,500
読谷
宜野湾市《ぎのわんし》
米軍施設
普天間飛行場
Jimmy's 大山店
CHICAGO ANTIQUES on ROUTE58
P.80
北中城IC
北中城
オーシャンキャッスル
カントリークラブ
新垣
添石
宜野湾
北上原
当間
中城村《なかぐすくそん》
沖縄国際大
mofgmona P.121
宗像堂 P.43
中城村役場
吉の浦公園
比屋良川
志真志
南上原
奥間
広栄
西原
アメリカ総領事館
南上原
琉球大
浦添ようどれ
西原
棚原
医学部附属病院
てだこ浦西
上原
上原
北浜
西原グリーンセンター
掛保久
沖縄自動車道
幸地
呉屋
西原町《にしはらちょう》
内間
小那覇
小那覇
西原Jct
池田
西原町役場
安室
兼久
沖縄カントリークラブ
与那原
西原きらきらビーチ
宮城
沖縄女子短大
与那原町《よなばるちょう》
与那原
東浜
中城湾
与那覇
南風原北
与那原町役場
軽便与那原駅舎展示資料館
サンエー
大里内原公園
当添漁港
ザ・ビッグ・エクスプレス
知名崎
津波古
須久名山
大里仲間
佐敷津波古
英魂之塔
南風原町《はえばるちょう》
馬天港
守礼カントリークラブ
P.168
あざま
サンサンビーチ
仲間
冨祖崎公園
安座真城跡
新里
市営新開球場
斎場御嶽
稲嶺
知念吉富
大里勤労者体育センター
南城市《なんじょうし》
知念岬公園
ユインチホテル南城
南城市役所
南城佐敷・玉城IC
知念岬
里稲嶺
南城大城IC
航空自衛隊
南部東道路
知念城跡
玉城愛地
平和祈念公園
港川外国人住宅周辺
N
0
50
100m
1:12,000
牧港中央病院
牧港
ファラオ
ホームセンターさくもと
ヤマダ電機
ネッツトヨタ
浦添海邦病院
浦添市《うらそえし》
港川(2)
アベイル
港川
Cafe Restaurant La Vita
Limpid
ホンダ
P.85
OKINAWA CERRADO COFFEE Beans Store
P.85
Secondo Casa
藤井衣料店
P.69・84・113 Proots
PORTRIVER MARKET P.84・113
城間
COCOROAR CAFE
日産
喫茶ニワトリ P.117
[oHacorté] 港川本店
P.85 AMERICAN WAVE
港川中

中部 P.172
P.178 やんばる
国頭村
P.176 美ら海水族館周辺
本部町
名護市
P.174 西海岸リゾート
恩納村
P.172 中部
北谷町
うるま市
宜野湾市
浦添市
那覇市
P.170 那覇・首里
南城市
久高島
糸満市
P.168 南部
東シナ海
空寿崎
牧港湾
ムーンオーシャン宜野湾ホテル＆レジデンス
ブルーシール 牧港本店
58
港川
右図
浦添市《うらそえし》
沖縄西海岸道路
251
サンエー浦添西海岸PARCO CITY
仲西
P.45 A&W牧港店
P.30 高江洲そば
浦添大公園
浦添運動公園
仲間
西洲
米軍施設
城間
大平
食品加工店プカプカプーカ
浦添市役所
県中央卸売市場
国立劇場おきなわ
宮城
153
勢理客
経塚の碑
新港ふ頭船客待合所
安謝
P.45
沖縄丸鶏製造所ブエノチキン
前田
サンエー 那覇メインプレイス
82
安謝川
那覇新港
天久
沖縄そばの店しむじょう P.59
首里大名町
経塚
P.67 märch
マルエーフェリー
マリックスライン
古島
P.143 潭亭
P.73·138 フレッシュプラザユニオン 前島店
330
末吉公園
P.129·143 海のちんぼらぁ
58
座間味村営フェリー
渡嘉敷村営フェリー
粟国村営フェリー
久米商船
那覇港
泊港
泊
P.167 ホテル アンテルーム 那覇
若狭
ダブルツリーbyヒルトン那覇首里城
P.61 Eightman's SEABURG
若狭
安里
大道
P.154 ハイウェイ食堂
那覇市《なはし》
P.149 ステーキハウス88 辻本店
P.117
千日
P.121 玉陵
首里
P.143 ピパーチキッチン
旭橋
県庁前
園比屋武御嶽石門
P.121
首里そば P.59
沖縄県庁
332
58
那覇空港
那覇港ターミナル
那覇市役所
P.180
P.121 首里城公園
P.149 ジャッキーステーキハウス
ANAクラウンプラザホテル沖縄ハーバービュー
那覇
新川
新川
那覇空港
陸上自衛隊
82
垣花
樋川
識名
P.111 那覇空港わしたショップ
P.111 [oHacorté]
ゆいレール
奥武山公園
沖縄大
識名園 P.121
兼城
那覇空港
46
漫湖公園
大嶺崎
国場
海上自衛隊
小禄
329
漫湖
国場
329
第2滑走路
赤嶺
とよみ大橋
とよみ生協病院
南風原町役場
航空自衛隊
豊見城
マックスバリュ
長嶺城跡
宮城
7
津嘉山
黄金森公園
331
128
豊見城市《とみぐすくし》
南部農林高
南風原南
具志
我那覇
那覇空港自動車道
高安
山川橋
豊見城・名嘉地
豊見城市役所
神里
瀬長島ウミカジテラス
瀬長島
豊見城総合公園
宜次東
ふれあい公園
豊見城署
名嘉地
外間
豊見城道路
平良
507
南部商業
249
豊見城カントリー倶楽部
渡嘉敷
豊見城
82
507
与根
331
249
与根
伊覇
与根漁港
331
武富
上田原
豊見城南高
南部
P.168
糸満市
糸満市
小城
具志頭

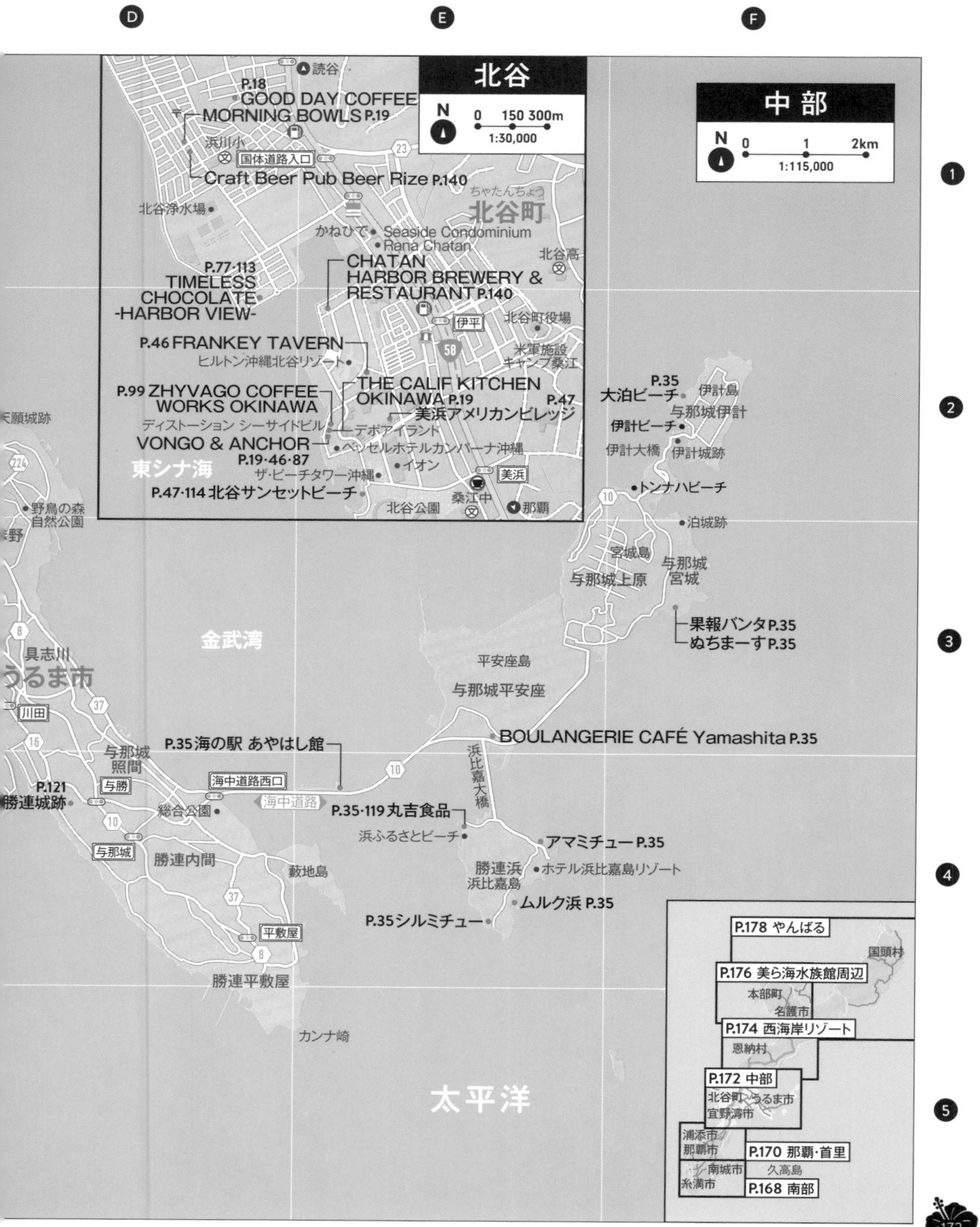
D
E
F
1
2
3
4
5
北谷
N
0 150 300m
1:30,000
中部
N
0 1 2km
1:115,000
読谷
P.18
GOOD DAY COFFEE
MORNING BOWLS P.19
浜川小
国体道路入口
23
Craft Beer Pub Beer Rize P.140
北谷町《ちゃたんちょう》
北谷浄水場
かねひで
Seaside Condominium
Rana Chatan
北谷高
P.77·113
TIMELESS CHOCOLATE -HARBOR VIEW-
CHATAN HARBOR BREWERY & RESTAURANT P.140
伊平
北谷町役場
58
米軍施設 キャンプ桑江
P.46 FRANKEY TAVERN
ヒルトン沖縄北谷リゾート
P.99 ZHYVAGO COFFEE WORKS OKINAWA
THE CALIF KITCHEN OKINAWA P.19
P.47
美浜アメリカンビレッジ
ディストーション シーサイドビル
デポアイランド
VONGO & ANCHOR
P.19·46·87
ベッセルホテルカンパーナ沖縄
東シナ海
イオン
ザ・ビーチタワー沖縄
美浜
P.47·114 北谷サンセットビーチ
桑江中
北谷公園
那覇
P.35
大泊ビーチ
伊計島
与那城伊計
伊計ビーチ
伊計大橋
伊計城跡
天願城跡
224
野鳥の森 自然公園
トンナハビーチ
10
泊城跡
宮城島
与那城 宮城
与那城上原
果報バンタ P.35
ぬちまーす P.35
8
具志川
金武湾
うるま市
平安座島
与那城平安座
37
川田
16
P.35 海の駅 あやはし館
BOULANGERIE CAFÉ Yamashita P.35
与那城 照間
浜比嘉大橋
海中道路西口
P.121
勝連城跡
与勝
海中道路
P.35·119 丸吉食品
総合公園
浜ふるさとビーチ
アマミチュー P.35
与那城
勝連内間
藪地島
勝連浜
ホテル浜比嘉島リゾート
浜比嘉島
ムルク浜 P.35
P.35 シルミチュー
平敷屋
勝連平敷屋
カンナ崎
太平洋
P.178 やんばる
国頭村
P.176 美ら海水族館周辺
本部町
名護市
P.174 西海岸リゾート
恩納村
P.172 中部
北谷町
うるま市
宜野湾市
浦添市
那覇市
P.170 那覇·首里
南城市
久高島
糸満市
P.168 南部

A B C

西海岸リゾート P.17
那覇・首里 P.170
P.39 残波岬
貸切ガイド専門 青の洞窟屋(集合場所)
真栄田岬
残波ビーチ
残波岬公園
Royal Hotel 沖縄残波岬
THE UZA TERRACE BEACH CLUB VILLAS P.91·161
P.73·119 GOZZA
琉球村
山田
仲泊遺跡
仲泊
恩納村《おんなそん》
宇座
P.17·157 星のや沖縄
星野リゾート バンタカフェ P.100
真栄田
一翠窯 P.68
膳 -ZEN- P.131
ホテル日航アリビラ
P.131 mintama
ニライビーチ
高志保
P.121 座喜味城跡
読谷山焼北窯売店 P.70
Clay Coffee & Gallery P.71
体験王国 むら咲むら
P.88 ¡SABROSO!
P.117 鶴亀堂ぜんざい
commons P.42
喜名
読谷村役場
金月そば P.59
コンドミニアム モリマーリゾートホテル
楚辺
伊良皆
P.113 ゆんた市場
tou cafe and gallery P.71
読谷村《よみたんそん》
ビオスの丘
沖縄ロイヤルゴルフクラブ
石川署
石川
石川赤崎
赤崎1丁目
石川公園
サンエー
ココ ガーデンリゾート オキナワ
石川東恩納
石川楚南
東恩納南
沖縄自動車道
昆布
展望タワー
倉敷ダム
栄野比
天願
池原
池原
安慶名城跡
西原 うるま市役所
沖縄市《おきなわし》
沖縄北
兼箇段城跡
安慶
P.102 東南植物楽園
牧原
比謝川
大工廻
田場
木綿原遺跡
道の駅 かでな
安保の見える丘
平良川
渡具知
兼箇段
渡具知ビーチ
かでな未来館
知花城跡
嘉手納署
嘉手納町役場
うるま署
市民芸術劇場
米軍施設 嘉手納飛行場
嘉手納町《かでなちょう》
兼久海浜公園
嘉手納マリーナ
P.99·109·113 AMBER HOLIC.
P.73·109 MILL by TIMELESS
P.88·109 チャーリー多幸寿
P.77·109 raw sweets cafe abondance
P.77·109 TESIO
松本
江洲仲原
豊原
P.119 丸一食品 塩屋店
住吉
コザ十字路
古謝
イオン
砂辺
下勢頭
上勢頭
沖縄南
P.61 GORDIE'S
沖縄市観光物産新興協会
沖縄アリーナ
沖縄市役所
桃原
ユニオン
州崎
コザ運動公園
右上図
伊平
P.99·113 THE COFFEE SHOP HummingCoffee
D&DEPARTMENT OKINAWA by PLAZA
SEÑOR TACO P.45·88
泡瀬
山内
プラザハウスショッピングセンター
東シナ海
北谷町役場
北谷町《ちゃたんちょう》
イオン
吉原
中部徳洲会病院
パブラウンジエメラルド P.148
ライカム
オキナワグランメールリゾート
比屋根
北谷公園
P.47·77 FLEX BAR & GRILL
イオンモール 沖縄ライカム P.39
県総合運動公園
北中城村《きたなかぐすくそん》
P.46·87 アラハビーチ
北谷
北中城村役場
北谷
喜舎場スマートIC
石平
PLOUGHMAN'S LUNCH BAKERY P.43
P.88·119 タコス専門店メキシコ
伊佐北
安谷屋
北中城
P.74·77·113 ハッピーモア市場 トロピカル店
宜野湾海浜公園
中城城跡 P.121
宜野湾トロピカルビーチ
宜野湾市役所
中城湾
PEARL. P.80
中城PA
ムーンオーシャン宜野湾
宜野湾署
宜野湾市《ぎのわんし》
オーシャンキャッスルカントリークラブ
普天間飛行場
中城村《なかぐすくそん》
添石

D
E
F
1
2
3
4
5
やんばる
P.178
本部町
宮里
宮里3
84
名護博物館
大西
71
名護市役所
21世紀の森公園
名護城跡
名護東道路
名護岳
名護
名護警察署
世冨慶
世冨慶
名護湾
名護市《なごし》
またきな大橋
多野岳
真喜屋
大川
大浦川
18
瀬嵩
大浦
東村
数久田
国頭方西海道
轟の滝
数久田
数久田
大浦マングローブロード
329
二見
汀間
331
カヌチャゴルフコース
カヌチャベイホテル&ヴィラズ
P.115
ザ・ブセナテラス
部瀬名岬
ザ・テラスクラブ アットブセナ
許田漁港
58
道の駅 許田（やんばる物産センター）
許田
辺野古岳
ブセナビーチ
ブセナ海中公園
かねひで喜瀬ビーチパレス
許田
許田ゴルフクラブ
石岳
久志岳
幸喜公園
幸喜ビーチ
ハレクラニ沖縄 P.16
ザ・リッツ・カールトン沖縄 P.17·159
ダイニング グスク P.130
辺野古ダム
329
沖縄スパ リゾート エグゼス
かねひで喜瀬カントリークラブ
久志大川ダム
辺野古バイパス
キャンプ シュワーブ
辺野古
辺野古西
沖縄かりゆしビーチリゾート・オーシャンスパ
久志岳
ゴルフガーデン
長島
名嘉真
コンドミニアムホテルしまんちゅクラブ
13
豊原
久志
辺野古崎
平島
おきなわ ビール園
恩納サンセットモール
71
大川ダム
松田北
県民の森
鍋川ダム
宜野座ダム
宜野座カントリークラブ
宜野座村《ぎのざそん》
瀬武原
宜野座
かんな湖
331
329
松田
漢那ダム
国際交流村（休館中）
億首川
宜野座村役場
宜野座
沖縄自動車道
漢那
234
道の駅 ぎのざ
惣慶
かんな病院
104
漢那ビーチ
リブマックス アムス・カンナリゾートヴィラ
金武ダム
キャンプハンセン
金武
KINサンライズビーチ
金武町役場
億首川のマングローブ林
金武
キングタコス 金武本店 P.45
金武岬
太平洋
P.178 やんばる
国頭村
P.176 美ら海水族館周辺
本部町
名護市
P.174 西海岸リゾート
恩納村
北谷町
うるま市
宜野湾市
P.172 中部
浦添市
那覇市
P.170 那覇・首里
南城市
久高島
糸満市
P.168 南部
西海岸リゾート
N
0
1
2km
1:115,000

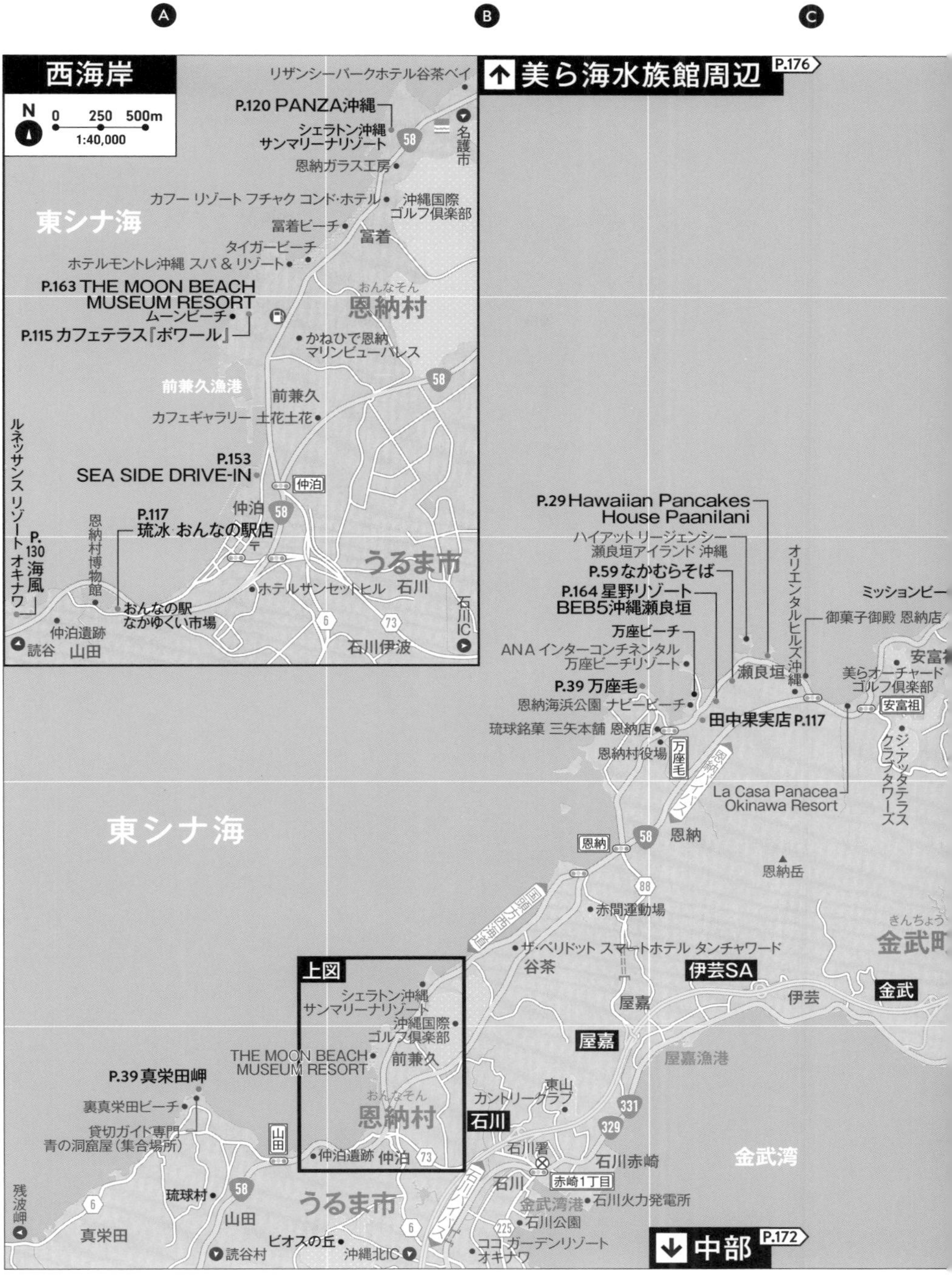

A
B
C
西海岸
N
0 250 500m
1:40,000
リザンシーパークホテル谷茶ベイ
P.120 PANZA沖縄
シェラトン沖縄
サンマリーナリゾート
58
名護市
恩納ガラス工房
カフー リゾート フチャク コンド・ホテル
沖縄国際
ゴルフ倶楽部
東シナ海
冨着ビーチ
冨着
タイガービーチ
ホテルモントレ沖縄 スパ＆リゾート
P.163 THE MOON BEACH
MUSEUM RESORT
ムーンビーチ
恩納村《おんなそん》
P.115 カフェテラス『ボワール』
かねひで恩納
マリンビューパレス
前兼久漁港
前兼久
カフェギャラリー 土花土花
P.153
SEA SIDE DRIVE-IN
仲泊
ルネッサンス リゾート オキナワ
P.130 海風
恩納村博物館
P.117
琉冰 おんなの駅店
うるま市
おんなの駅
なかゆくい市場
ホテルサンセットヒル
石川
石川IC
仲泊遺跡
読谷
山田
6
73
石川伊波
美ら海水族館周辺
P.176
P.29 Hawaiian Pancakes
House Paanilani
ハイアット リージェンシー
瀬良垣アイランド 沖縄
P.59 なかむらそば
P.164 星野リゾート
BEB5沖縄瀬良垣
万座ビーチ
ANA インターコンチネンタル
万座ビーチリゾート
P.39 万座毛
恩納海浜公園 ナビービーチ
瀬良垣
田中果実店 P.117
琉球銘菓 三矢本舗 恩納店
恩納村役場
万座毛
恩納バイパス
オリエンタルヒルズ沖縄
ミッションビー
御菓子御殿 恩納店
安富祖
美らオーチャード
ゴルフ倶楽部
安富祖
ジ・アッタテラス
クラブタワーズ
La Casa Panacea
Okinawa Resort
恩納
恩納
恩納岳
88
赤間運動場
国頭方西海道
金武町《きんちょう》
ザ・ペリドット スマートホテル タンチャワード
谷茶
伊芸SA
金武
上図
シェラトン沖縄
サンマリーナリゾート
沖縄国際
ゴルフ倶楽部
屋嘉
伊芸
屋嘉
THE MOON BEACH
MUSEUM RESORT
前兼久
屋嘉漁港
P.39 真栄田岬
裏真栄田ビーチ
貸切ガイド専門
青の洞窟屋（集合場所）
東山
カントリークラブ
恩納村《おんなそん》
石川
331
329
山田
仲泊遺跡
仲泊
73
石川署
石川赤崎
金武湾
赤崎1丁目
残波岬
琉球村
58
うるま市
石川
石川バイパス
金武湾港
石川火力発電所
6
山田
石川公園
225
真栄田
ビオスの丘
6
読谷村
沖縄北IC
ココ ガーデンリゾート
オキナワ
中部
P.172

D
E
F

やんばる P.178
辺戸岬
国道331号
西海岸リゾート P.174

1
2
3
4
5

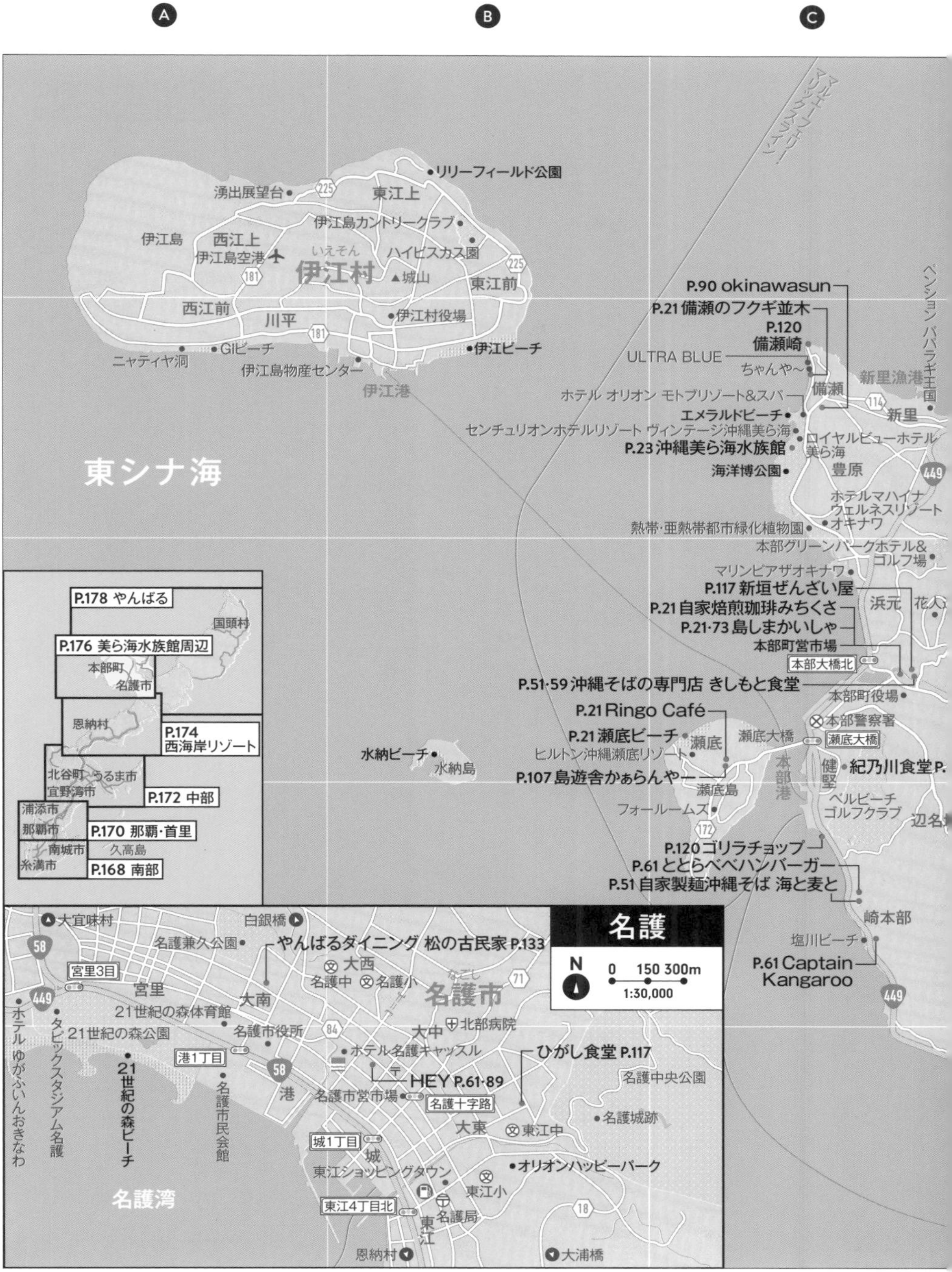

A
B
C
マルエーフェリー
マリックスライン
リリーフィールド公園
湧出展望台
東江上
伊江島カントリークラブ
伊江島
西江上
伊江島空港
伊江村《いえそん》
ハイビスカス園
城山
東江前
西江前
川平
伊江村役場
GIビーチ
伊江ビーチ
ニャティヤ洞
伊江島物産センター
伊江港
東シナ海
P.90 okinawasun
P.21 備瀬のフクギ並木
P.120 備瀬崎
ULTRA BLUE
ちゃんや～
備瀬
新里漁港
ホテル オリオン モトブリゾート&スパ
エメラルドビーチ
新里
センチュリオンホテルリゾート ヴィンテージ沖縄美ら海
ロイヤルビューホテル美ら海
P.23 沖縄美ら海水族館
海洋博公園
豊原
ホテルマハイナ ウェルネスリゾート オキナワ
熱帯・亜熱帯都市緑化植物園
本部グリーンパークホテル&ゴルフ場
マリンピアザオキナワ
P.117 新垣ぜんざい屋
浜元
P.21 自家焙煎珈琲みちくさ
P.21・73 島しまかいしゃ
本部町営市場
本部大橋北
P.51・59 沖縄そばの専門店 きしもと食堂
本部町役場
本部警察署
P.21 Ringo Café
P.21 瀬底ビーチ
瀬底
瀬底大橋
ヒルトン沖縄瀬底リゾート
水納ビーチ
水納島
本部港
健堅
紀乃川食堂 P.
P.107 島遊舎かぁらんやー
瀬底島
ペンション パパラギ王国
花人
フォールームズ
ベルビーチゴルフクラブ
辺名
P.120 ゴリラチョップ
P.61 ととらべべハンバーガー
P.51 自家製麺沖縄そば 海と麦と
崎本部
塩川ビーチ
P.61 Captain Kangaroo
P.178 やんばる
国頭村
P.176 美ら海水族館周辺
本部町
名護市
恩納村
P.174 西海岸リゾート
北谷町
うるま市
宜野湾市
P.172 中部
浦添市
那覇市
P.170 那覇・首里
久高島
南城市
糸満市
P.168 南部
名護
N
0 150 300m
1:30,000
大宜味村
白銀橋
名護兼久公園
やんばるダイニング 松の古民家 P.133
大西
宮里3目
名護中
名護小
名護市《なごし》
宮里
大南
21世紀の森体育館
ホテル ゆがふいんおきなわ
タピックスタジアム名護
21世紀の森公園
名護市役所
大中
北部病院
港1丁目
ホテル名護キャッスル
21世紀の森ビーチ
名護市民会館
HEY P.61・89
ひがし食堂 P.117
名護中央公園
港
名護市営市場
名護十字路
名護城跡
大東
東江中
城1丁目
城
オリオンハッピーパーク
東江ショッピングタウン
東江小
名護湾
東江4丁目北
名護局
東江
恩納村
大浦橋

D E F

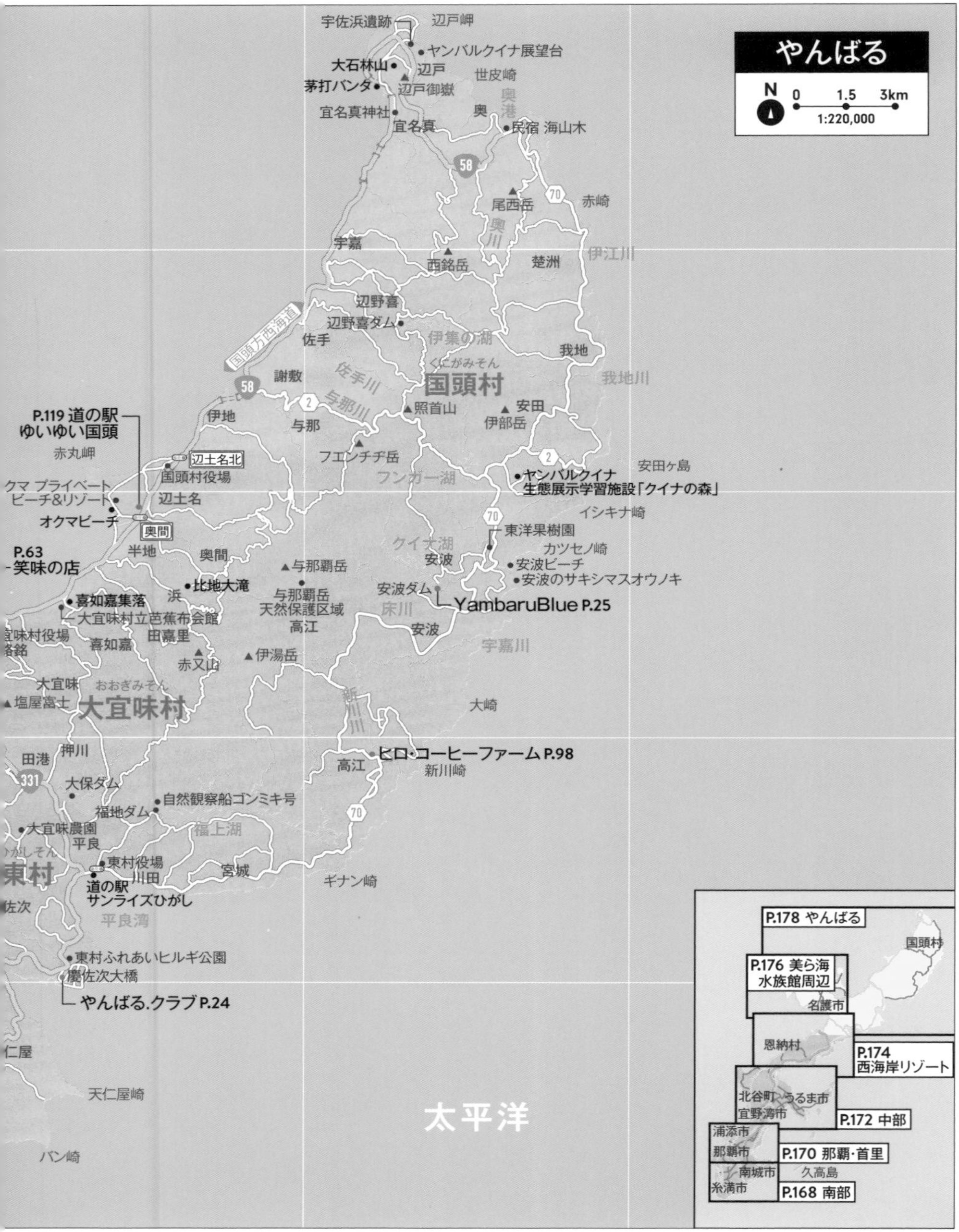

やんばる
N
0 1.5 3km
1:220,000
1
2
3
4
5
宇佐浜遺跡
辺戸岬
ヤンバルクイナ展望台
大石林山
辺戸
世皮崎
茅打バンタ
辺戸御嶽
奥港
宜名真神社
奥
宜名真
民宿 海山木
58
70
尾西岳
赤崎
奥川
宇嘉
西銘岳
楚洲
伊江川
辺野喜
国頭方西海道
辺野喜ダム
伊集の湖
佐手
我地
くにがみそん
国頭村
佐手川
謝敷
我地川
58
2
与那川
照首山
安田
伊部岳
伊地
P.119 道の駅
ゆいゆい国頭
与那
赤丸岬
フエンチヂ岳
2
辺土名北
安田ヶ島
国頭村役場
ヤンバルクイナ
生態展示学習施設「クイナの森」
フンガー湖
クマ プライベート
ビーチ&リゾート
辺土名
イシキナ崎
70
オクマビーチ
奥間
東洋果樹園
クイナ湖
カツセノ崎
P.63
笑味の店
半地
奥間
安波
安波ビーチ
与那覇岳
安波のサキシマスオウノキ
比地大滝
浜
与那覇岳
天然保護区域
安波ダム
YambaruBlue P.25
喜如嘉集落
大宜味村立芭蕉布会館
床川
高江
宜味村役場
喜如嘉
田嘉里
安波
宇嘉川
銘
赤又山
伊湯岳
大宜味
おおぎみそん
塩屋富士
大宜味村
新川川
大崎
田港
押川
ヒロ・コーヒーファーム P.98
高江
新川崎
331
大保ダム
自然観察船ゴンミキ号
福地ダム
70
大宜味農園
福上湖
平良
東村役場
東村
川田
宮城
ギナン崎
道の駅
サンライズひがし
佐次
平良湾
東村ふれあいヒルギ公園
慶佐次大橋
やんばる.クラブ P.24
仁屋
天仁屋崎
太平洋
バン崎
P.178 やんばる
国頭村
P.176 美ら海
水族館周辺
名護市
恩納村
P.174
西海岸リゾート
北谷町
うるま市
宜野湾市
P.172 中部
浦添市
那覇市
P.170 那覇・首里
南城市
久高島
糸満市
P.168 南部

A B C

慶良間諸島
N
0 1.5 3km
1:240,000
那覇
座間味村フェリー
黒島
座間味島
座間味村役場
阿真ビーチ
儀志布島
屋嘉比島
座間味村《ざまみそん》
安室島
渡嘉敷島 P.32
P.38 阿嘉島
北浜ビーチ
渡嘉敷村役場
那覇
渡嘉敷村フェリー
P.32 渡嘉志久ビーチ
渡嘉敷村《とかしきそん》
慶留間島
久場島
P.32 Half 1/2 Time
シーフレンド P.32
慶良間空港
外地島
阿波連ビーチ P.32
P.32 阿波連園地
伊平屋島·伊是名島
伊平屋村フェリー·伊是名村フェリー
東シナ海
P.176
伊江村《いえそん》
伊江島
マルエーフェリー·マリックスライン
備瀬崎
長浜ビーチ
トケイ浜
古宇利島
アマジャフバル展望台
古宇利
Villa Della Sera
古宇利ビーチ
沖縄美ら海水族館
海洋博公園
今帰仁城跡
今帰仁村《なきじんそん》
運天
古宇利大橋
今帰仁村役場
運天港ターミナル
運天港
449
505
110
247
済井出
屋我地島
125
ワルミ大橋
我部
瀬底大橋
本部町役場
本部町《もとぶちょう》
屋我
屋我地ビーチ
羽地内海
屋我地大橋
塩屋橋
宮城島
道の駅 おおぎみ
やんばるの森ビジターセンター
田村窯
P.71
大宜味
シークヮーサーパーク
ファインフルーツ おきなわ
水納島
瀬底島
本部港
ベルビーチ ゴルフクラブ
オリオン嵐山 ゴルフ倶楽部
呉我
奥武島
呉我
仲尾
真喜屋
稲嶺
源河
津波
名護市《なごし》
古我知
71
仲尾次北
平南川
津
塩川ビーチ
伊差川
宇橋山
ナゴパイナップルパーク
伊差川
川上
14
伊差川西
仲尾次
449
親川
またきな大橋
源河大川
名護
市役所
71
名護東道路
多野岳
真喜屋
21世紀の森公園
名護
名護岳
大川
一ツ岳
名護城跡
大浦川
世冨慶
瀬嵩
三原
18
世冨慶
329
大浦
58
汀間
カヌチャ ゴルフコース
二見
辺野古岳
カヌチャリゾート
嘉陽ビーチ
安部
331
許田IC
沖縄自動車道
宜野座IC
大浦湾
安部崎

D
E
F

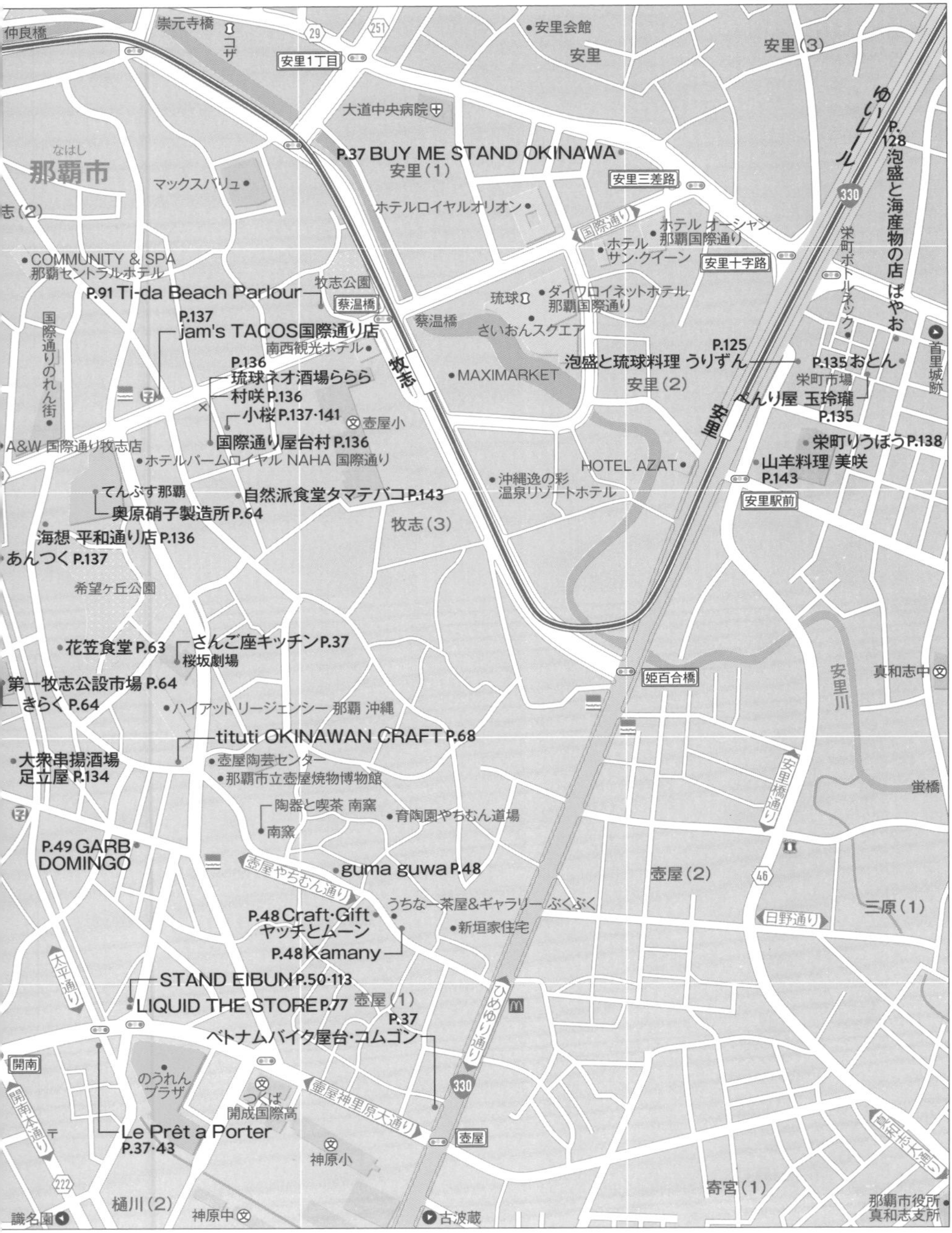

仲良橋
崇元寺橋
コザ
29
251
安里1丁目
安里会館
安里
安里(3)
ゆいレール
P.128 泡盛と海産物の店 ぱやお
大道中央病院
那覇市《なはし》
P.37 BUY ME STAND OKINAWA
安里(1)
安里三差路
330
マックスバリュ
志(2)
ホテルロイヤルオリオン
国際通り
ホテル オーシャン 那覇国際通り
ホテル サン・クイーン
栄町ボトルネック
安里十字路
COMMUNITY & SPA 那覇セントラルホテル
P.91 Ti-da Beach Parlour
牧志公園
蔡温橋
琉球
ダイワロイネットホテル 那覇国際通り
P.137 jam's TACOS国際通り店
蔡温橋
さいおんスクエア
国際通りのれん街
南西観光ホテル
牧志
P.125 泡盛と琉球料理 うりずん
P.135 おとん
首里城跡
P.136 琉球ネオ酒場ららら
MAXIMARKET
安里(2)
栄町市場
村咲 P.136
べんり屋 玉玲瓏 P.135
小桜 P.137・141
壺屋小
安里
国際通り屋台村 P.136
栄町りうぼう P.138
A&W 国際通り牧志店
ホテルパームロイヤル NAHA 国際通り
HOTEL AZAT
山羊料理 美咲 P.143
沖縄逸の彩 温泉リゾートホテル
てんぷす那覇
自然派食堂タマテバコ P.143
安里駅前
奥原硝子製造所 P.64
牧志(3)
海想 平和通り店 P.136
あんつく P.137
希望ケ丘公園
花笠食堂 P.63
さんご座キッチン P.37
桜坂劇場
真和志中
姫百合橋
第一牧志公設市場 P.64
きらく P.64
安里川
ハイアット リージェンシー 那覇 沖縄
tituti OKINAWAN CRAFT P.68
大衆串揚酒場 足立屋 P.134
壺屋陶芸センター
那覇市立壺屋焼物博物館
安里橋通り
蛍橋
陶器と喫茶 南窯
南窯
育陶園やちむん道場
P.49 GARB DOMINGO
壺屋やちむん通り
guma guwa P.48
壺屋(2)
46
三原(1)
うちなー茶屋&ギャラリー ぶくぶく
P.48 Craft・Gift ヤッチとムーン
新垣家住宅
日野通り
P.48 Kamany
太平通り
STAND EIBUN P.50・113
LIQUID THE STORE P.77
壺屋(1)
ひめゆり通り
P.37 ベトナムバイク屋台・コムゴン
開南
のうれんプラザ
つくば開成国際高
壺屋神里原大通り
330
開南本通り
Le Prêt a Porter P.37・43
壺屋
神原小
与儀十字路大通り
222
樋川(2)
寄宮(1)
識名園
神原中
古波蔵
那覇市役所 真和志支所

1
2
3
4
5

A
B
C
国際通り
N
0
50
100m
1:7,000
浦添市
ホテルブライオン那覇
リッチモンドホテル那覇久茂地
潮渡川
前島(1)
那覇小
58
前島橋
ESTINATE HOTEL那覇 P.166
家庭料理の店 まんじゅまい P.30·137
美栄橋
やっぱりステーキ2nd松山店 P.148
美栄橋
松山公園
ホテルタイラ
松山(2)
ホテル ストレータ 那覇
東横イン那覇国際通り美栄橋駅
久茂地(2)
久茂地川
ジュンク堂
牧志駅
松山
P.63·154 いちぎん食堂
那覇商高
アパホテル〈那覇〉
P.63·154
松山(1)
お食事処 三笠
沖縄海邦
222
牧志(1)
OMO5沖縄那覇 by 星野リゾート P.120·139
久茂地橋
久茂地橋
緑ヶ丘公園
P.63 みかど
ゆいレール
一銀通り
JR九州ホテル ブラッサム那覇
ゆいレール
那覇文化芸術なはーと
P.29 沖縄第一ホテル
P.143
スチームダイニング しまぶた屋
58
むつみ橋
ホテルシーサー・イン那覇
P.127 BACAR OKINAWA
久茂地
ホテルJAL CITY 那覇
ドン・キホーテ
那覇大綱挽まつり
P.141 カラカラとちぶぐゎ～
P.145 島唄
ホテルサンパレス球陽館
P.128 なかむら家
P.145 民謡ステージ 歌姫
P.137 KUKURU 市場店
42
久茂地(3)
P.137 ブルーシール 国際通り店
美栄橋公園
ホテル コレクティブ
琉球
C&C BREAKFAST OKINAW
松尾
P.61 Zooton's
P.49 THE COFFEE STAND
久茂地(1)
御成橋
松尾
39
沖縄
県庁前
ゆうなんぎぃ P.137
P.144 わしたショップ国際通り店
P.134 パーラー小やじ
甲辰橋
ホテルグレイスリー那覇
那覇空港
Splash okinawa 2号店 P.137
那覇グランドホテル
浮島ガーデン (休業中)
MIMURI
ホテルアベスト那覇国際通り
国際通り
パレット市民劇場
デパートリウボウ
みずほ
謝花きっぱん店
県庁北口
御菓子御殿 国際通り松尾店
八汐荘
39
ホテル ロコア ナハ
P.49·53·113 食堂 faidama
アルモントホテル那覇県庁前
樂園CAFÉ P.37
樂園百貨店 P.73·77·78·113
222
P.143 Kahu-si
P.49 miyagiya
那覇市役所前
松尾(2)
議会棟
松尾(1)
沖縄県庁
那覇市役所
42
松尾公園
泉崎(1)
県庁前通り
県警本部
那覇高
開南小
petite rue P.133
ホテルルートイン那覇旭橋駅東
ハーバービュー通り
県庁南口
那覇高校
樋川(1)
泉崎(2)
楚辺(1)
城岳公園
221

Q. AIR TICKET 航空券&宿の予約、どれが一番おトク?

A1. 比較サイトをまずチェック!

航空券やホテルを検索するなら、比較サイトをチェック。航空券のみ、ホテル付きのツアーなど、希望に合った最安値プランが手早く探せます。

▶旅行比較サイト トラベルコ
https://www.tour.ne.jp/

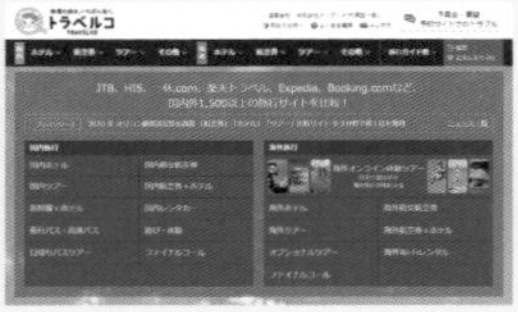

A2. キャンセルしないならLCCの航空券。

LCCなら片道1万円以下は当たり前。フライト変更ができない、座席指定や手荷物預け入れが別料金などの問題があるものの格安で入手できます。

A3. 早めに決めるなら割引航空券を。

旅程が早めに決まっている場合は各航空会社の割引航空券を利用するのが最安。75日前までの予約で割引率70%以上になることも。

A4. 手間を省くならパックツアー。

航空券、ホテル、レンタカーと一つずつ手配するのが億劫なら、こちらのほうが断然楽で便利。個人手配よりお得になるケースが多いです。

おすすめサイト

▶楽天トラベル
https://travel.rakuten.co.jp/

▶旅楽
https://tabiraku.travel/tour/

Q. ACCESS FROM THE AIRPORT 空港からのアクセス、ベストが知りたい!

A1. 那覇に行くならゆいレールで。

那覇空港〜てだこ浦西を約40分で結ぶモノレールは、那覇市内や浦添市へのアクセスに便利。地上8〜10mの場所を走るので見晴らしよし。

A2. とにかく早く!ならタクシー。

沖縄のタクシーは初乗り運賃が600円と割安。空港から国際通りなら約10分、1100円〜が目安なので、複数人ならこちらが楽ちん。

A3. リゾホへグループで行くならシャトルタクシー。

事前予約制で行き先ごとの料金が決まっているので安心。

●ザ・ビーチタワー沖縄…所要50分/料金5000円〜
●沖縄残波岬ロイヤルホテル…所要70分/料金6000円〜
●ルネッサンス リゾート オキナワ…所要70分/料金7000円〜
●ANAインターコンチネンタル万座ビーチリゾート…所要70分/料金8000円〜
●オクマ プライベートビーチ & リゾート…所要130分/料金1万5000円〜

※料金や所要時間はタクシー会社により異なります

A4. メジャーホテルに直行ならリムジンバスがベスト。

DE(1日3便)	D、DE、CD(1日5便)	C、CD(1日7便)	B(1日5便)	A(1日13便)
名護バスターミナル	ザ・ブセナテラス	シェラトン沖縄サンマリーナ	ホテルムーンビーチ	ラグナガーデンホテル
運賃 2240 円 所要 2 時間 17 分	運賃 2040 円 所要 1 時間 45 分	運賃 1630 円 所要 1 時間 14 分	運賃 1530 円 所要 1 時間 5 分	運賃 610 円 所要 37 分
センチュリオン ホテル 沖縄美ら海	オキナワ マリオット リゾート&スパ	リザンシーパーク ホテル谷茶ベイ	ルネッサンスリゾート オキナワ	ザ・ビーチタワー沖縄
運賃 2550 円 所要 2 時間 49 分	運賃 2140 円 所要 1 時間 50 分	運賃 1630 円 所要 1 時間 18 分	運賃 1530 円 所要 1 時間 13 分	運賃 810 円 所要 46 分
ホテル オリオン モトブ リゾート&スパ	ザ・リッツカールトン沖縄(1日1便)	ANAインターコンチネンタル 万座ビーチリゾート	ホテル日航アリビラ	ヒルトン沖縄北谷リゾート
運賃 2550 円 所要 2 時間 52 分	運賃 2140 円 所要 1 時間 53 分	運賃 1730 円 所要 1 時間 37 分	運賃 1530 円 所要 1 時間 33 分	運賃 810 円 所要 1 時間 6 分

※上記以外にも停留所があります。詳しくは沖縄バス公式HP(URL okinawabus.com)参照。または空港リムジンバス案内センター(☎098-869-3301)にお問い合わせください

TRANSPORTATION

Q. レンタカー、借り方から移動時間の目安まで

A2. レンタルの流れはこちら。

1. 予約する
車両タイプなど指定して事前にネットで予約。ハイシーズンは早めに。

2. 営業所へ行く
送迎付きなので、到着ロビー外の歩道中央付近で送迎車を待って。

3. 受付する
手続き&支払いを。同便の人が一度に受付するので待ち時間を覚悟で。

4. 出発
車体に傷がないかチェック。車やカーナビの使用方法も確認して。

5. 返却する
契約内容によるが、営業所指定のガソリンスタンドで給油をして返却。

A1. おトクな借り方も。

沖縄のレンタカーは、手軽に借りられますが、コロナ以降台数が少なめ。比較サイトで条件に合った会社を早めに探して。

おすすめサイト

▶たびらいレンタカー
http://www.tabirai.net/car/

▶旅楽
https://tabiraku.travel/

A3. 移動時間&距離の目安を知っておく!

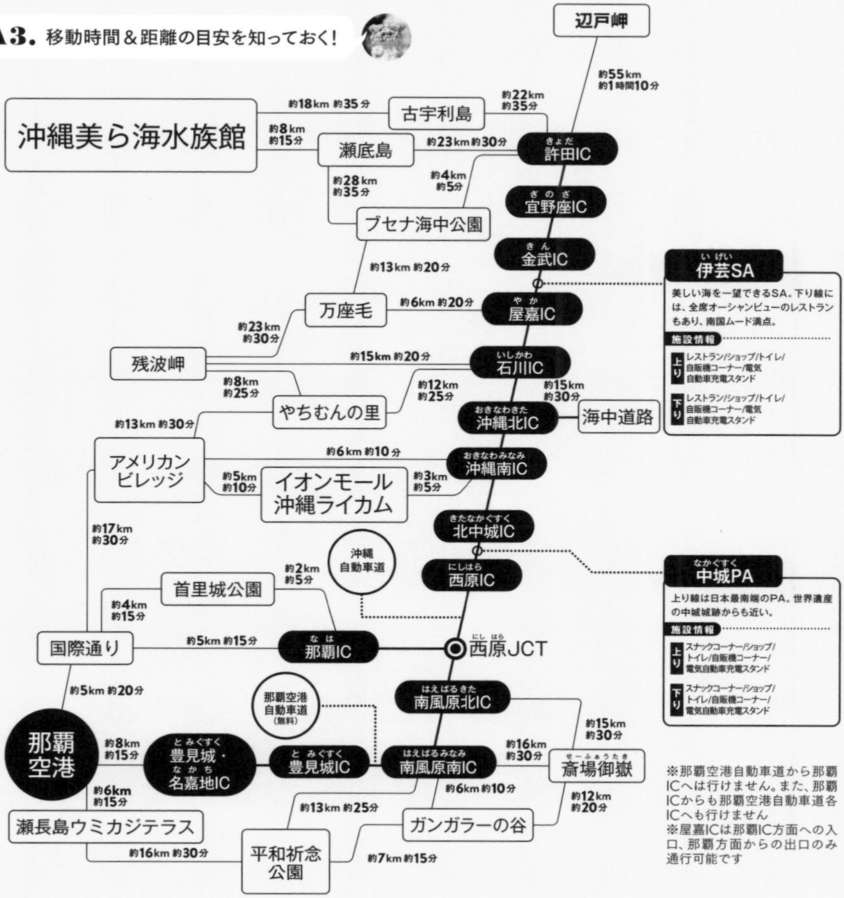

※那覇空港自動車道から那覇ICへは行けません。また、那覇ICからも那覇空港自動車道各ICへも行けません
※屋嘉ICは那覇IC方面への入口、那覇方面からの出口のみ通行可能です

OKINAWA RULES

Q. 知っておくべき“うちなールール”は？

訪れてビックリ！な独特のルールの多い沖縄。あらかじめ知っておくと便利な情報や、意外な交通ルールを予習しておきましょう。

A1. カーナビ無力地帯アリ！

本部半島の山の中などは、案内を途中で終了されたり、まったく別のルートを案内されることもしばしば。南部エリアや本部半島などは、幹線道路沿いに店の小さな案内板が出ているので、それを頼りに目指しましょう。

A2. レンタカーなしなら、おトクなパスをGET！

●バスモノパス

那覇バスの那覇市内均一区間とゆいレールが1日1000円で乗り放題に。ゆいレール各駅窓口、那覇バスターミナルで購入可能。

●ゆいレールフリー乗車券

1日券800円と2日券1400円でゆいレールが乗り放題に。券売機や窓口で購入を。渋滞しがちな那覇市内観光に重宝します。

A3. 朝夕のバスレーンに注意。

58号線や国際通りでは平日の朝夕、路線バス専用の車線が設けられ、一般車両は通行不可になります。標識をよく見て通行を。

A4. 中央線、時間で変わります。

交通量の多い那覇市などでは、朝夕の通勤時間に合わせて中央線が変わる道路が。「中央線変移区間始まり・終わり」の標識に注意。

A5. あらゆる動物飛び出し注意。

自然と共存する沖縄。やんばるではヤンバルクイナやカメ、瀬長島ではカニなど、「飛び出し標識」も沖縄独特です。くれぐれも安全運転で。

A6. 沖縄は旧暦ベースのイベントが多数。

沖縄の年中行事の多くは旧暦で行われます。特に旧盆や清明祭（シーミー）、旧正月が三大イベントと言われ、4月の週末は「シーミー渋滞」なるものが出現します。

清明祭（シーミー）とは…？

旧暦の3月にあたる、4月中旬頃に親戚一同でお墓を掃除&お供え物を準備して、お墓の前で全員でワイワイ食事をする

A7. 天気予報は無力。雨雲レーダーでチェックを。

海に囲まれた沖縄は、雲が近くで発生しやすく、急な雨に見舞われがち。天気が気になる時は雨雲レーダーアプリが頼りになります。

A8. 日曜の国際通りは車進入NG。

毎週日曜12～18時は国際通りの県庁北口交差点～蔡恩橋交差点間で「トランジットモール」を実施。歩行者天国となり、車の通行は不可。

A9. 本当はコワい？海のいきもの。

浅瀬でもカラフルな熱帯魚が見られる沖縄の海は、シュノーケリングパラダイス。ですが、海の生物は毒を持っているものもいるので、むやみに触るのは絶対ダメ。

海の危険生物

- ミノカサゴ
- ハブクラゲ
- ウミヘビ
- オニヒトデ

A10. 日の出・日の入時間のおさらい。

6月	5月	4月	3月	2月	1月	
5:37	5:52	6:21	6:53	7:14	7:17	日の出
19:17	19:01	18:46	18:30	18:12	17:49	日の入
12月	**11月**	**10月**	**9月**	**8月**	**7月**	
6:59	6:38	6:21	6:09	5:55	5:40	日の出
17:37	17:48	18:17	18:50	19:17	19:26	日の入

※2023年の各月1日の日の出・日の入り時間
※日の出・日の入り時間は毎日変わります

A11. 本当のベストシーズンは梅雨明け後5日間!?

梅雨が明ける時期は年によって変動しますが、おおよそ6月下旬。台風の接近も少なく、晴れの確率が高い。おまけに夏休み前で旅行代金が割安な6月下旬の梅雨明け直後が、総合的にベストシーズンといえるでしょう。

1DAY TRIP ＼日帰り＆1泊の近場／

Q. 離島へのアクセス方法を知りたい

有人・無人合わせて160もの島で成り立つ沖縄。その中でも日帰り＆1泊で行ける島へのアクセスinfoをまとめました。

琉球人も憧れる球美(くみ)の島

久米島《くめじま》

時間 3～3時間半

出港 泊港
便数 1日2便(月曜のみ1便)
料金 3450円
島内観光 島一周約40分／レンタカー◎、レンタバイク○、レンタサイクル○、タクシー○、バス×
おすすめ泊数 1泊

とんがり山のタッチューが目印

伊江島《いえじま》

時間 30分

出港 本部港
便数 1日4～10便
料金 730円 **島内観光** 島一周約30分／レンタカー◎、レンタバイク○、レンタサイクル○、タクシー○、バス○
おすすめ泊数 日帰り(1日)

琉球神話が息づく神の島

久高島《くだかじま》

時間 25分(高速船15分)

出港 安座真港 **便数** 高速船とフェリーで1日6往復便 **料金** 680円(高速船770円)
島内観光 島一周約2時間／レンタカー×、レンタバイク×、レンタサイクル◎、タクシー×、バス×
おすすめ泊数 日帰り(半日)

三日月形のクロワッサンアイランド

水納島《みんなしま》

時間 15分

出港 渡久地港 **便数** 1日3～11便
料金 1730円 **島内観光** 島一周約1時間／レンタカー×、レンタルバイク×、レンタサイクル×、タクシー×、バス×
おすすめ泊数 日帰り(半日)

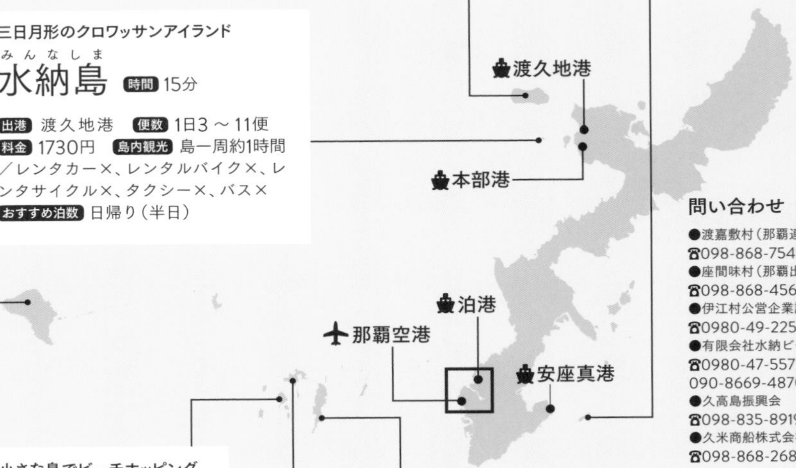

問い合わせ

- 渡嘉敷村(那覇連絡事務所) ☎098-868-7541
- 座間味村(那覇出張所) ☎098-868-4567
- 伊江村公営企業課 ☎0980-49-2255
- 有限会社水納ビーチ ☎0980-47-5572、090-8669-4870
- 久高島振興会 ☎098-835-8919
- 久米商船株式会社(那覇本社) ☎098-868-2686

小さな島でビーチホッピング

阿嘉島《あかじま》

時間 1時間30分(高速船50分～1時間10分)

出港 泊港
便数 1日1便(高速船1日2便)
料金 2150円(高速船3200円)
島内観光 島一周約1時間／レンタカー×、レンタバイク○、レンタサイクル◎、タクシー×、バス×
おすすめ泊数 1泊

マリンスポーツとクジラ観察

座間味島《ざまみじま》

時間 2時間(高速船50分～1時間10分)

出港 泊港 **便数** 1日1便(高速船1日2便) **料金** 2150円(高速船3200円) **島内観光** 島一周2～3時間／レンタカー○、レンタバイク○、レンタサイクル◎、タクシー×、バス○ **おすすめ泊数** 1泊

慶良間諸島最大の緑の島

渡嘉敷島《とかしきじま》

時間 1時間10分(高速船40分)

出港 泊港 **便数** 1日1便(高速船1日2～3便) **料金** 1690円(高速船2530円) **島内観光** 島一周2～3時間／レンタカー◎、レンタバイク○、レンタサイクル△、タクシー△、バス○ **おすすめ泊数** 1泊

24H Okinawa guide INDEX

#どんどん面白くなる町
#進撃の北谷

#ベトナムバイク屋台・コムゴン
#あれもこれもhomemade #あふれる肉汁

#海の駅 あやはし館
#Ocean view

#悶絶級のかわいさのCALiN
#ランチも悶絶級

#誰でもモデルになりきれる場所
#それがSunset beach

#raw sweets cafe abondance
#甘美なフルーツのお姿

#いらっしゃいませ
#私は看板猫 #Doucatty

#最終日にパンGET #Le Prêt a Porter #家の近くにあったなら #毎日通う

#360度映える #フォトスポット多数
#Ti-da Beach Parlour

#D&DEPARTMENT OKINAWA
by PLAZA3 #オキコ

#VONGO & ANCHOR
#その笑顔200点満点

#HEY #迫りくる肉の旨み
#全読者に食べてほしい

#長浜ビーチ #今帰仁Blue
#波打ち際 #クリームソーダみたい

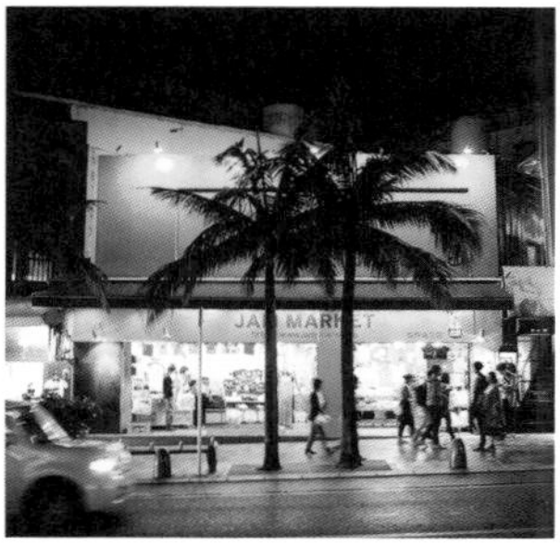

#夜の国際通りを徘徊
#nightshopping

#え？ここアメリカ？ #いやここコザ
#楽しいのは夜だけじゃないのよ

#芸術的マカロン #目指せ全制覇
#Ringo Café

#亜熱帯サウナ #整いました
#Welcome to the Jungle

#オシャみやげの宝庫
#樂園百貨店

横井直子
YOKOI NAOKO

編集プロダクションにて国内・海外ガイドブック編集に携わり、2012年にフリーランスエディター＆ライターとして独立。主に沖縄やハワイなどの旅行やグルメネタを扱い、沖縄渡航回数は離島を含めると50回を超える。沖縄滞在中は胃袋がブラックホール化し、1日6食～ 8食を心がけるフードファイター。海と肉と揚げ物を、こよなく愛する。著書に24Hシリーズ第1弾となる『Hawaii guide 24H』(朝日新聞出版)がある。

撮影	HIKARU
イラスト	MEGU WAZOUSKI(表紙)
	others(本書内)
イラストマップ	寺門朋代(TSUMASAKI)
マップ	s-map
表紙・本文デザイン	iroiroinc.　佐藤ジョウタ、香川サラサ
協力	山田久美
	株式会社ランズ
写真提供	沖縄観光コンベンションビューロー
	関係各市町村観光課　関係諸施設
企画・編集	白方美樹(朝日新聞出版 生活・文化編集部)

Okinawa guide 24H《おきなわ ガイド 24じかん》

2023年7月30日　改訂版第1刷発行

著　者　横井直子
発行者　片桐圭子
発行所　朝日新聞出版
〒104-8011　東京都中央区築地5−3−2
(お問い合わせ)
infojitsuyo@asahi.com
印刷所　大日本印刷株式会社

ISBN　978-4-02-334744-1